KB201996

신학의 거장들은 의외로 짧은 글에서 진면목을 드러내곤 한다. 바르트 역시 방대한 『교회교의학』 못지않게, 전통적 신앙고백을 해설한 단편에서 깊은 신학적 통찰을 보여준다. 특히 그의 사도신경 해설은 국내에서도 여러 차례 번역될 만큼 많은 사랑을 받았다. 그러나 바르트 신학의 뿌리와 진가는 개혁주의의 대표 신앙고백인 하이델베르크 신앙문답에 대한 해설에서 분명하게 드러난다. 그는 16세기 신앙고백의 각 문항을 역사적·신학적으로 섬세하게 풀어내는 한편, 그것을 오늘날 그리스도인의 삶과 연결하려는 수고도 마다하지 않는다. 특히 『하이델베르크 신앙문답 해설』이 출간된 1948년은 그의 그리스도 중심적 신학 방법론이 무르익은 때인 만큼, 이 책은 바르트 신학의 정수를 담은 훌륭한 입문서라 할 수 있다. 또한 다층적 매력과 신학적 깊이를 두루 갖추고 있으며, 독자의 필요에 다양한 방식으로 응답해줄 수 있는 귀한 책이다.

김진혁 | 횃불트리니티신학대학원대학교 조직신학 부교수

교회사에서 1517년에 종교개혁이 일어났고, 이로부터 얼마되지 않은 16세기 중엽에 작성된 『하이델베르크 신앙문답』은 총 129개의 문답으로 구성되어 개혁신학의 핵심을 명쾌하게 보여준다. 약 400여 년이 흐른 후 현대 최고의 신학자이며 또한 개혁신학자인 칼 바르트가 이것을 바탕으로 강의하고 해설하여 출판하였고, 이번에 일본에서 활동하시는 김산덕 목사님을 통해 번역되어 『칼 바르트의 하이델베르크 신앙문답 해설』로 우리의 손에 주어졌다. 본서를 통해 우리는 개혁신학이 말하는 복음의 진수를 명쾌하게 파악할 수 있을 뿐만 아니라, 16세기 개혁신학이 어

떻게 20세기와 만나 소통하였는지를 알 수 있다. 아울러 본서를 통해 우리는 개혁신학의 전통과 오늘날의 일본교회 및 한국교회 사이의 만남과 대화의 시도를 통해 시대와 장소를 초월하여 역사하는 복음의 힘을 느낄 수 있다.

백충현 | 장로회신학대학교 조직신학 교수

『하이델베르크 신앙문답』(Heidelberger Katechismus, 1563)은 『네덜란드 신앙고백서』(Confessio Belgica, 1561), 『도르트 신조』(Dordtse Leerregels, 1619)와 더불어 개혁교회의 삼대 교리서 가운데 하나다.

이 세상이 존재한 이래로 지금까지 세상 속에는 말로 다 할 수 없는 모순과 부조리와 죄악들과 사건들이 발생해왔다. 이 세상에는 태어날 때부터 장애를 갖는 사람이 있는가 하면, 갑자기 찾아온 병마로 극심한 고통을 받는 사람도 있다. 때로는 불의의 사고나 전쟁이나 천재지변으로 인해 불구가 되거나 목숨을 잃는 사람들도 있다. 몇 해 전 발생했던 코로나 19의 세계적 대유행 이후 연일 들려오는 사건과 사고와 천재지변과 전쟁의 소식들을 접하면서, 우리는 죽음이라는 것이 우리와 무관하게 먼 곳에 있는 것이 아니라 우리 가까이에 있음을 새삼 깨닫고 우리의 목숨마저도 우리의 것이 아님을 절감한다.

모든 인간은 예외 없이 생노병사를 피해갈 수 없으며 종국적으로 죽음에 직면한다. 늙어감과 병들어감과 죽음은 아무도 통제할 수 없는 인간의 숙명이고 한계상황이 아닐 수 없다. 이러한 우리 인간에게 그 어떤 것이 진정하고 "유일한 위로"(Der einzige Trost)가 될 수 있을까? 이러한 질문에 답변하기 위해서 탁월한 개혁신학자 우르시누스(Zacharias Ursinus, 1534-1583)에 의해 집필된 개혁교회의 아름다운 교리문답서가 바로『하이델베르크 교리문답서』였다.

　이 아름다운 교리문답서의 신앙과 신학을 다루고 있는 귀한 저서가 역자의 노고로 인하여 세상에 빛을 보게 되었다. 일선에서 개혁신학을 가르치는 신학자로서 역자인 김 박사님에게 축하와 감사와 경애의 마음을 전한다. 우리가 살아 있을 때나 죽을 때 유일하고 영원한 위로가 되는 지식을 가르치는 이 교리문답서가 독자들에게 널리 읽히기를 바란다. 그리하여 독자들이 이 험난하고 부조리한 세상 속에서 참다운 위로와 믿음의 확신 가운데 거하고, 하나님의 자녀요 예수 그리스도의 제자로서 성령의 인도하심을 받으며 아름다운 생애를 살아갈 수 있기를 두 손 모아 기도한다.

이동영 ｜ 서울성경신학대학원대학교 조직신학 교수

Die christliche Lehre nach dem Heidelberger Katechismus

Die christliche Lehre
nach dem Heidelberger
Katechismus

칼 바르트의

하이델베르크
신앙문답 해설

칼 바르트 지음 · 김산덕 옮김

새물결플러스

K

Die christliche Lehre
nach dem Heidelberger
Katechismus

B

서문

우리의 지식은 단편적이며, 여기에 있는 이 책도 (미완성의) 스케치다. 이 작업을 내가 요청받았을 때 전년도에 동일한 조건하에 출판된 『교의학 개요』(*Dogmatik Grundriß*, 1947)가 환영을 받고 있었다. 그러나 대상은 동일하지만 소재가 되는 텍스트가 다르기 때문에 그 성격이 다른 논술을 행하는 것도 여러 점에서 도움이 되리라 생각했다. 본문에 대해 각 섹션의 머리말에 기술한 '가이드 요약'(Leitsätze)에 관한 책임은 온전히 나에게 있다. 이 책은 속기한 내용을 다듬은 것이다. 그런 의미에서 생각건대 더할 나위 없이 내가 자유롭게 설명했던 내용들이 담겨 있다. 하이델베르크 신앙문답 제3부를 논함에 이르렀을 때 학기가 끝나게 되어, 나는 간결하게 정리한 가이드 요약만을 제공하는 것으로 만족할 수밖에 없었다. 생각하건대 주의 깊은 독자들은 이 신앙문답 전체와의 관련성 가운데서, 내가 어떠한 방식으로 십계명과 주기도문을 설명하려고 하였는지 깨달을 수 있으리라고 생각한다.

나는 이 단편을 감히 석학 빌헬름 괴테르스(Wilhelm Goeters, 1878-1953)에게 헌정하고자 한다. 그 이유는 그가 나의 강의에 대해 그렇게 호의적일 수가 없었기 때문이다. 곧 70세가 될 나이에도 불구하고 그는 매일 아침 7시(스위스의 여름 시간으로 5시)에 포펠스도르프(Poppelsdorfer)에 있는 화학 연구소로 학생들과 함께 나오셨다. 이 연구소에서 다양하고 신기한 형태의 유리 제품이나 도구에 둘러싸인 채 마치 파우스트 박사의 기묘한 신판처럼, 나는 이 작업을 진행하였다. 빌헬름 괴테르스 역시 이처럼 약간은 기묘한 분위기에서도 아주 진솔하게 함께해주셨다. 하이델베르크 신앙문답이라는 오래된 그러나 귀중한 작은 책자에 내가 부여하는 어떤 종류의 개변에 관해서도 그는 불쾌하게 생각하지 않았다. 오히려 호의적인 관심을 보여주었다. 그 후 몇 번에 걸친 생동감 있는 대화를 통해서, 독일 개혁파 교회의 과거에 관한 그의 지식 창고로부터 나에게 보여주고자 하였던 점들을 배우는 것이 나의 일이었다. 그러던 어느 날 그가 나에게 하이델베르크 신앙문답의 가장 오래된 역사 가운데서 오늘날까지 본인만이 알고 있는 백 가지의 특수한 사실이 있다고 말했던 사실을 여기서 상기하고 싶다. 나는 실로 우리 모두의 이익을 위해서, 늦기 전에 그것을 발표하여주시기를 그에게 부탁하는 것이 의미 있는 일이라고 생각한다.

1948년 8월, 바젤에서

역자의 글

팔츠 지역의 수도였던 하이델베르크의 종교개혁은 프리드리히 2세(재위 1544-1556)의 치하에서, 그의 조카인 오토 하인리히(재위 1556-1559)에 의해 1545년 12월 20일부터 시작되었다. 그는 아우구스티노회 수도원의 시설을 프로테스탄트 신학교로 개조하였고 도서관까지 세웠다. 그를 이어 개혁파로 전향한 프리드리히 3세(재위 1559-1576)가 선제후 자리를 물려받으면서, 하이델베르크에서 제2차 종교개혁이 일어나기 시작하였다. 당시 이 도시에는 루터파, 츠빙글리파, 칼뱅파 등 신학적으로 다양한 사람들이 모여 있었다. 그는 팔츠 지역의 신앙적 일치를 바라보면서, 1562년 초두에 신앙문답 작성을 위한 준비 위원회를 구성하도록 명령하였다. 1562년에 초안이 발표되었고, 1563년 1-2월에 발행되었다. 이것이 『하이델베르크 신앙문답』 제1판이었다. 1563년 11월에 팔츠 교회 규정이 제정되었고, 1564년에는 교회 정치규정이, 1570년에는 교회 치리가 도입되면서 하이델베르크 교회는 지속적으로 개혁을 이어나갔다. 프리드리히 3세를 이어 그의 장남 루트비히 6세(재위 1576-1583)가 등극하고서 루터파로 바뀌었다가, 프리드리히 4세(재위 1583-1610)가 되면서 하이델베르크는 다시 개혁파 신앙으로 돌아왔다.

1560년대 초반에는 트리엔트 공의회가 종결(1562)되면서 진용을 새롭게 갖춘 로마 가톨릭의 반종교개혁 물결이 거세게 몰아쳤다. 프리드리히 3세에 의해 팔츠 교회가 개혁파로 전향함에 따라 다른 선제후들이 그에게 '힐문서'(Anweisung)를 보냈다. 그때 프리드리히 3세는 츠빙글리나 칼뱅에 관해 잘 알지 못하지만, 『하이델베르크 신앙문답』은 성경에 일치한다고 답했다. 1566년에 열린 아우크스부르크 제국회의에서도 그는 이 신앙문답에서 만약 성경에 위배되는 것이 발견된다면 수정하거나 철회 요구에도 응할 것이라고 명확하게 언명했다. 신앙문답(Katechismus)은 문답 형식의 교리 교육을 위한 지도서이자 성경적 설교의 가늠자 역할을 감당할 수 있는 교본이기도 하다. 실로 하이델베르크 신앙문답은 성경에 의한, 성경을 위한, 성경을 통한 신앙문답으로서 개혁 신앙과 신학의 정수를 보여주는 전형적인 신앙고백이다.

하이델베르크 신앙문답에 대한 칼 바르트의 강의는 몇 번 진행된 적이 있었다. 그는 첫 번째로 1921/22년 겨울 학기에 괴팅겐에서 이 신앙문답을 처음으로 다루었다. 그리고 1938년

10월에 바젤 란드샤프트 칸톤의 리스탈 근처에 있는 샤우엔부르크(Schauenburg)에서 교회 지도자들을 대상으로 강의한 내용이 *"Einführung in den Heidelberger Katechismus"*(『하이델베르크 신앙문답 지도서』)라는 이름으로 출간되었다. 세 번째로 1946-7년에 본 대학의 객원교수로 초빙되어 여름 강좌를 개설하였을 때 이 신앙문답을 강의하였다. 이 강의 내용은 속기로 기록되었고 나중에 내용을 다듬어 출판한 것이 *"Die christliche Lehre nach dem Heidelberger Katechismus"*다. 본서는 이 후자를 번역한 것이다. 칼 바르트에게 하이델베르크 신앙문답이란 무엇인가? 그는 본서에서 다음과 같이 말한다. "이 문서는 그리스도 예배 질서와 규칙에 관하여 교리 형식으로 정리하여 작성된 것으로, 16세기 개혁파 교회가 종교개혁의 적극적인 방향을 제시하며, 복음에 대한 그들의 인식 형태를 제시하는 방식으로 성립되었다." 다시 말해 하이델베르크 신앙문답은 그리스도교 교리를 전면적으로 서술한 기록이며, 성경 해석의 전형으로 설교의 규준이 된다는 것이다. 16세기 종교개혁 신학이 가졌던 예배와 신학, 복음에 관한 그들의 인식 내용과 형식을 후대 사람들이 되새김할 수 있는 하나의 소재로서, 바르트는 이것을 적극적으로 평가한다. 하이델베르크 신앙문답의 특징을 '실존적'이라고 한다. "비참", "구원", "감사"로 이어지는 명쾌한 3부 구성은 당시로서는 그리스도교 교리에 대한 새로운 파악이자 구성이었다. 하이델베르크 신앙문답은 종교개혁 신학의 예배와 복음 이해를 가장 잘 담은 문서이며, 개혁신학을 배우는 이들에게 최고의 지침서다.

본서는 하이델베르크 신앙문답을 텍스트로 하여 칼 바르트라는 신학자가 그리스도교 교리를 강의한 것이다. 하이델베르크 신앙문답에 대한 바르트 본인의 해설서가 되는 셈이다. 따라서 칼 바르트 신학에 관심을 가지고 그 내용을 이해하려는 사람들에게 아주 좋은 바르트 입문서가 될 수 있을 것이다. 예를 들어 '유아세례', '성경론' 또는 '보편 구원론' 같은 주제에 관해 그가 어떻게 생각하는지 아주 명확하게 드러나 있다. "바르트는 자유주의 신학자인가 아닌가?"라는 이분법적 문제는 차치하고, 그를 가능한 한 바르게 이해하려는 것은 우리의 의무이기도 하다. 그는 명확하게 다음과 같이 경고한다. 하이델베르크 신앙문답 신학을 화석화시킨 그것의 '정통주의'에 빠져서는 곤란하다고 말이다. 16세기 종교개혁의 영혼은 21세기를 살아가는 우리의 그것과는 다르다는 그의 조언을 상기하면서 이 책을 읽어가면 좋겠다.

역자가 『하이델베르크 신앙문답』을 처음 접하게 된 시기는 일본으로 건너가게 된 1980년대 말이다. 웨스트민스터 대·소요리문답밖에 몰랐던 시절에 하이델베르크 신앙문답은 신선한 충격이었다. 특히 일본 신학계에서 하이델베르크 신앙문답의 전문가로 활동하시는 도카 카츠야(登家勝也) 목사님을 만남으로써 더욱 밀도 있는 공부를 하게 되었고, 목사로 섬길 때는 상/하권으로 구성된 목사님의 『하이델베르크 교리문답 강해』(教文館, 1997)와 바르트의 본서가 목회와 신학 사고에 도움이 되었다. 특히 전자가 주도면밀한 설명으로 신학 전체를 다루고 있다면, 후자는 신학의 여러 주제를 아주 간결하게 정리해준다는 의미에서 역자에게 큰 자산이 되었다. 오래전에 번역을 끝냈지만 다시 손댈 만한 여유가 없었다. 이번에 다시 끄집어내어 보완하고 정리하여 출판하게 되어 감개무량하다.

작업 과정에서 함께 원고를 읽어주었던 아내에게 감사하며, 항상 동역자로 글을 읽어주는 윤가람 목사에게도 감사를 전한다. 책을 번역한다는 것에는 여러 의미가 있다. 역자들은 사명감을 가지고 번역하며, 그 내용에 걸맞은 출판사에서 책이 간행되기를 바란다. 이 책의 출판을 흔쾌히 수락한 새물결플러스 김요한 대표에게 심심한 감사를 드린다.

일러두기

- 본서는 Karl Barth, *Die christliche Lehre nach dem Heidelberger Katechismus*(CHR. Kaiser Verlag München, 1949)를 번역함에 있어 다음을 참고하였다. Karl Barth, Shirley C. Guthrie Jr.(역) Learning Jesus Christ through the Heidelberg Catechism (Grand Rapids: Eerdmans, 1981); Karl Barth, Inoue Yosio(역), 『ハイデルベルク信仰問答によるキリスト教の教理』(Shinkyo Publishing, 1954).

- 『하이델베르크 신앙문답』 분문은 사역이다.

- 성경 본문은 개역개정을 기본으로 사용하였다.

- 모든 각주는 역자에 의한 것이다.

- 모든 강조는 원저자에 의한 것이다.

- 원문의 이탤릭체는 밑줄로 표시하였다.

- ""는 원문 그대로다.

- ()는 원문 그대로이지만, 때때로 역자가 독자의 이해를 돕기 위해 삽입하였다.

제1장

과제

그리스도교 교리란 무엇입니까? 그것은 교회가 선포하는 선교의 내용인 예수 그리스도의 복음을 교회가 책임지고 총괄적으로 서술하려는 시도입니다. 그 출발과 목적은 어디까지나 성경 안에서의 복음에 대한 확실한 증언입니다. 우리는 복음주의 교회의 선조들이 남겨둔 신앙고백에 대해 품어야만 하는 자유로운 존경과 감사를 가지고, 하이델베르크 신앙문답[1]의 인도에 따라서 나아가고자 합니다.

1. 본 강의 주제는 일반적으로 "교의학"(Dogmatik)이라 일컫는 것입니다. 우리는 이것을 이번 강의에서는 "그리스도교 교리"(Christliche Lehre)라고 부르고자 합니다. 신학함에 있어서는 같은 개념을 다양하게 표현할 수 있습니다. 이는 유익한 것으로 핵심 의미에는 변함이 없습니다. 그리스도교 교리의 대상과 내용은 예수 그리스도이기 때문입니다. 복음이란 기쁜 **사신**(Botschaft)입니다.[2] 예수 그리스도란 한 사람의 **인격**을 일컫는 이

---

1   일반적으로 "하이델베르크 요리문답"(또는 교리문답)으로 번역한다. 그러나 본서에는 "하이델베르크 요리문답"으로 번역하고자 한다. 그 이유에 관해서는 본서 말미에 나오는 "나가면서"를 참조하길 바란다.

2   원저자가 사용한 독일어 'Botschaft'(고지, 통보, 메시지 등의 의미)는 본서에서 의미상 '케리그마'(κήρυγμα)에 해당한다. 케리그마는 위탁된 복음 메시지를 선포하는 행위와 선포하는 그 내용까지 함께 아우르는 포괄적인 의미를 지닌 용

름입니다. 그리스도교 교리의 대상이 가지는 이러한 이중성격은 그리스도교 교리를 이념이나 진리 체계에 관한 서술, 어떤 세계관이나 철학에 관한 서술, 또는 어떤 생활 규범이나 사회질서에 관한 서술로부터 구별시킵니다. 이러한 선상에서 얻을 수 있는 어떤 사람의 정신이나 양심을 발굴하려는 것이 교리의 주제가 아닙니다. 그렇지 않습니다. 그렇지 않고, 그리스도교 교리의 주제는 오히려 사람에게 다가오는, 사람에게 접근하는, 사람에게 손을 내미는 사신에 관한 것입니다. 따라서 이는 하나의 고지(告知)입니다. 사람을 아주 특별하고 완전히 새로운 전혀 예상할 수 없는 상황으로 옮겨놓은 다음 그곳에 새로운 가능성을 열어놓고, 사람으로 하여금 자기 자신과 그 환경에 대해 특히 이 사신과 소식이 전해주는 것에 대해 비판적으로 대결하게 하는 뉴스(Neuigkeit)에 관한 것입니다. 왜냐하면 복음은 한 사람의 인격, 즉 예수 그리스도라는 이 인격에 관해 말하기 때문입니다. 이 사신이 전해진 사람은 그 인격의 실존과 존재와 행위에서 혁명적이며 철저하게 그 생활 가운데로 파고들어가는 의의를 가집니다.

어다. 따라서 보냄을 받는 행위와 믿는 내용을 함께 담아낸다는 의미에서 '사신'(使信)으로 번역하였다.

그러나 복음이란 단순히 사신이 아닙니다. 그렇지 않습니다. 그것은 **기쁜** 사신입니다. 복음이란 의식하든 의식하지 않든 객관적으로 모든 시대, 모든 지역의 모든 사람을 위한 기쁜 케리그마입니다. 복음이 바르게 이해되고 바르게 선포되는 경우에 그것은 흔연하게 선포됩니다. 또한 그것은 바르게 듣게 될 때, 흔연히 듣게 될 것입니다. 왜냐하면 이 복음에 의해서 사람의 삶 가운데로 돌입하는 이 위대한 소식은 기쁨이며 도움과 위로이기 때문입니다. "슬픔의 영이여, 물러가라! 기쁨의 주 그리스도께서 들어오신다." 복음이 기쁨의 사신으로서 기쁘게 선포되고 듣게 되지 않는다면, 예수 그리스도의 복음이 아닐 것입니다.

그리스도교 교리는 예수 그리스도의 복음에 관해 총괄적으로 서술하려는 시도입니다. 복음은 그 자체로 무한하고 영원하며 따라서 무진장한 것이기 때문에 그리스도교 교리가 행하는 그 어떠한 시도에 의해서도 충분하게 재현되지 못합니다. 따라서 그리스도교 교리의 문제는 항상 단지 몇 가지 기본적인 흐름과 주요한 포인트의 총괄에 관한 것일 수밖에 없습니다. 이 강의 역시 그리스도교 교리가 다루는 주제들의 풍성함에 대해 오로지 멀리서 하나의 전망을 가질 수밖에 없다는 사실을 충분히 의식하면서 도전하는 하나의 시도일 뿐입니다. 그리스도교 교리를 하나의 시도라고 일컫는 것은 단순히 복음의 풍성함을 이해하는 것이 양적으로 불가능하다는 이유 때문이 아닙니다. 오히려 무엇보다도 하나님의 말씀과 사역이 문제의 중심이 되는 예수 그리스도의 복음은 그 자체로서 하나의 완전한 사실(Sache)이라는 이유 때문에 그렇습니다. 이 완전한 사실이라는 관점에서 가늠한다면, 그 어떤 사람의 서술이라 할지라도 불완전할 수밖에 없습니다. 왜냐하면 개인이나 교회의 인식은 그때그때의 상황에 따라 좌우되는 불완전한 것이기 때문입니다. 그럼에도 불구하고 우리는 항상 새롭게 **시도하지 않으면 안 되며**, 또한 그렇게 할 수 있습니다. 그런데 이 경우에도 이러한 다양한 인간적 시도들을 통하여 그리스도교 교리의 다양한 형식과 형태들 안에서 어떤 **진전**이라는 것이 나타날 수 있는가라는 문제가 제기될 수 있습니다. 사실 이것은 우리가 단순히 가부를 결정할 수 있는 성격의 문제가 아닙니다. 과거 2천 년 동안 교리사와 신학사에 진전이 있었는가? 아니면 그리스도교는 그냥 맴돌기만 했을 뿐인가? 이 문제는 하나님의 깊은 뜻에 있습니다. 역사적(geschichtlich)으로 우리가 상승선상에 있었는지 아니면 하강선상에 있었는지는 걱정할 바가 아닙니다. 우리는 우리 자신의 역사적 현장에서―그 어떤 역사적 낭만주의와 관계없이―그리스도교 교리에 대한 이러한 시도를 신실하게 수행하기 위해서, 다시 말해 예수 그리스도의 복음을 총괄적으로 서술하려는 일관된 시도를 수행하도록 부름 받았습니다.

우리는 이 시도를 **교회의 책임하에서** 기획합니다. 단순히 역사적으로(historischen) 서술하겠다는 책임에만 머물지 않습니다. 오히려 자신이 들었던 문제들에 대해 그것을 자신의 문제로 책임을 지려고 하며, 또한 그런 용의가 있는 사람들 즉 그 기쁜 사신을 단순히 들었다는 것만이 아니라 그것을 자기 자신에 관계하는 고지(告知)로 청취하는 사람들, 따라서 예수 그리스도의 기쁜 사신에 의해 기초를 다지고 그 사신의 재현과 전파를 위탁받은 교회의 교제 가운데 있는 사람들, 그러한 사람들의 책임 아래서 이 시도를 기획하고자 합니다. 그리스도교 교리에서 문제의 중심은 교회에 위탁된 선교라는 과제입니다. 교회라는 그리스도교 공동체는 하나의 인간적 협동체로서, 예수 그리스도의 복음을 이 세상에 선포하고 선교한다는 가치를 가집니다. 이러한 위탁이 있기 때문에 실로 그리스도교 교리는 항상 필요합니다. 즉 교회가 말하고 전하지 않으면 안 되는 것에 관해 설명할 때 총괄이 필요하다는 뜻입니다. 예수 그리스도의 복음은 우리가 "소유하는" 죽은 보물로서 건네받은 것이 결코 아닙니다. 오래된 형식이든 또는 새로운 형식이든, 그리스도교를 이처럼 자본주의적 개념으로 이해하는 것에 우리는 주의해야 합니다. 복음은 끊임없이 탐구되고 추구되고 캐묻는 것을 요구합니다. 그것은 노동과 사색과 노력을 필요로 합니다. 그것은 충실함과 자주적인 탐구를 요구합니다. 그 교회로서의 실존을 위해 교회가 이러한 노력을 회피하는 것은 용서될 수 없습니다. 따라서 그리스도교 교리라는 것은 자기 목적이 아닙니다. 예술을 위한 예술이 불가능한 것처럼 신학을 위한 신학도 불가능합니다. 오히려 그리스도교 교리라는 것은 공동체의 봉사의 일부이자 하나님과 이웃에 대한 봉사이며, 따라서 교회의 예전의 일부입니다. 이런 우리의 사역도 그러한 의미에서 행하여지는 것입니다. 또한 그러한 의미에서만 그것은 실행될 수 있습니다. 신학을 가르치고 배우는 일은 교회를 향한 봉사로 이어집니다.

2. 그러나 그리스도교 교리는 인식이라는 관점에서도 자기 자신을 그 기저로 삼지 않습니다. 그곳에는 하나의 **시원**이 있고 하나의 **목표**가 있습니다. 그리스도교 교리가 유래하는 곳이나 그것이 향하는 곳은 외형적으로도 다른 모든 이론적인 논술이나 어떤 이념이나 세계관과도 구별됩니다. 다시 말해 모든 그리스도교 교리의 상부에는 원초적 형태로서 다른 모든 형태로부터 현저히 높이 솟아올라 있는 그리스도교 교리의 하나의 형태가 있습니다. 즉 구약성경과 신약성경이 말하는 것처럼, 예수 그리스도의 **복음에 대한 정통하고** 본원적이며 독창적인, 따라서 규범

적인 **증언**이 우뚝 솟아 있습니다. 예수 그리스도는 기쁜 사신의 본체로서, 선지자와 사도들이 보고 듣고 만진 분입니다. 이러한 구체적인 형태에서 그분은 교회 선교의 기준입니다. 즉 그리스도교 교리는 이러한 구체적인 형태로부터, 따라서 **석의**로부터 유래하지 않으면 안 됩니다. 이는 더욱 정확한 성경 석의를 통해 구체적인 형태의 현현으로 나아가야만 하는 과제입니다. 그리스도교 교리는 이러한 이중적 구속에서만이 의미 있는 기획이 됩니다. 만약 석의로부터 자유롭고 싶은 곳에 그리스도교 교리가 존재하려고 한다면, 인간적인 사변과 조금도 다를 바가 없으며 그런 이유로 교회의 봉사에도 전혀 부적절한 것이 됩니다. 따라서 신학의 근본적 과제인 석의는 그리스어와 히브리어 지식까지 필요로 하는 신중하며 수고스러운 노력이지만, 그렇다고 해서 이를 등한시하는 풍조를 매번 쫓아가는 신학이 있다면 반드시 경계해야 합니다.

3. 마지막으로 그리스도교 교리에는 **절대적인 방법**이라는 것이 존재하지 않습니다. 이 사역에는 예로부터 다양한 길이 있어왔습니다. 그러나 어떠한 길을 선택하느냐 하는 것은 그 길을 어떻게 걸어가느냐 하는 것만큼 중요하지는 않습니다. 사실 모든 그리스도교 교리는 성경에 기초하여 성경으로만 가야 한다는 기본

적인 원칙을 어떠한 경우에도 지켜야만 합니다. 그리고 더 나아가 올바른 그리스도교 교리는 고독한 사색이라는 진공 공간에서 영위되는 것이 아니라 성도의 교제라는 장소, 다시 말해 현재뿐만 아니라 과거의 모든 그리스도교 교회의 생활과 사색과 인식과의 관련 가운데서 영위되어야 한다는 규칙이 먼저 첫째 부칙으로 덧붙여져야 합니다. 따라서 올바른 그리스도교 교리는 이와 같은 동일한 과제를 위해서 사역했던 **선조**들의 교리와도 필연적으로 깊은 관계를 가집니다. 그리스도교 교리는 독창적인 기획이 되려고 하지 않습니다. 오히려 그러한 대열 가운데 자신의 몸을 두려고 합니다. 그 방식은 선조들의 텍스트에 자신을 연결함으로써 나타납니다. 그렇다면 우리가 이것을 실행하고자 할 때 누구에게 연결하느냐라는 문제를 생각하지 않으면 안 될 것입니다. 그리스도교 교회에는 신뢰할 수 있는 선조들도 있지만, 신뢰하기 어려운 선조들도 있습니다. 우리는 **하이델베르크 신앙문답**에서 복음에 기초를 두고, 복음에 의해 새롭게 형성된 종교개혁의 교회와 하나의 선한 신앙문답을 만나게 된다고 감히 말해도 될 것입니다.

이 강의 제목은 "하이델베르크 신앙문답에 의한 그리스도교 교리"입니다.

"하이델베르크 신앙문답에 의한"이라는 말은 여기서 하이델베르크 신앙문답에 관해 **역사적 석의**(historiche Exegese)를 풀어가겠다는 뜻이 아닙니다. 우리는 이 텍스트를 철저하게 다루면서 포인트 하나하나의 가치를 엄격하게 가늠하기 위해 문답에서 문답으로 이어나갈 것입니다. 철저한 연구 없이는 불가능하겠지만, 우리에게 주어진 과제는 교리사가 아니라 교의학입니다. 따라서 우리의 첫 번째 관심사는 그리스도교 교리 그 자체이지 하이델베르크 신앙문답이 아닙니다.

더욱이 이 제목은 **하이델베르크적 정통주의**를 언급하려는 것이 아닙니다. 하이델베르크 신앙문답 역시 그리스도교 교리에 대한 하나의 시도였습니다. 우리는 16세기가 아닌 20세기를 살아가고 있습니다. 특히 이 단순한 사실은 오늘날 이 독일에서 살아가는 우리에게 아주 강력하게 확인되지 않으면 안 됩니다. 우리가 **오늘날** 그리스도교 교리를 논할 때 마치 마법에 걸린 것처럼 오로지 16세기에 매달려서 그때 그 장소에서 언급된 것에 될 수 있는 한 불변부동의 태도로 고착하려고 하는 행위는 정말 무의미한 짓입니다. 그러한 것은 실로 반종교개혁적인 방식입니다. 성도들이나 선조들의 신앙고백이 후대 사람들에게 하나의 구속이 되어, 결과적으로 그리스도교 교리라는 것이 그들의 신앙고백을 오늘날에 단순히 반복적으로 드러내는 것으로 만족하게 한다면, 이는 성도의 교제를 오해하는 것이며 선조들을 오해하는 것입니다. 성도의 교제에는 우리보다 앞선 교회의 선조들이 그 시대에서 복음에 관해 깊이 숙고하였던 그들에 대한 존경과 감사가 항상 있지 않으면 안 됩니다. 그러나 동시에 성도의 교제에는 자유로움 역시 있지 않으면 안 됩니다. 올바른 존경과 올바른 감사는 자유로운 것입니다. 이 두 가지는 하이델베르크 신앙문답에 합당한 것입니다. 하이델베르크 신앙문답에 대해 이 두 가지를 적용하려는 것이 이 강의의 의도입니다. 우리는 대체적으로 이 텍스트의 흐름에 따라서 진행하겠지만, 필요에 따라서는 여러 일탈을 의도적으로 감행할 것입니다. 물론 그러한 일탈에서도 하이델베르크 신앙문답이 본래 추구하려고 했던 것과의 일치 가운데 항상 머무르고자 합니다. 만약 그러한 자유가 허락되지 않거나 요구되지 않는다고 한다면, 성서와 동일한 가치를 가지고 어깨를 나란히 할 수 있다는 일종의 전통으로 교회를 되돌리는 셈이 될 것입니다. 하이델베르크 신앙문답은 성서를 정조준합니다. 이 성서에 의해 이 하이델베르크 신앙문답은 가늠될 수 있으며, 또한 가늠되지 않으면 안 됩니다. 이 강의에 의해 지금 독일에서 유감스럽게도 서서히 다시 일어나고 있는 교파주의(Konfessionalismus)[3]라는 불씨에 기름을 부을 생각은 전혀

---

3 Konfessionalismus(Confessionalism)는 교파주의와 함께 신조주의 또는 신앙고

없습니다. 오히려 그러한 교파주의라는 것이 오늘날 독일의 신학과 교회에서 일어나고 있는 현실을 가장 우려하고 있습니다.

백주의로 번역되기도 한다. 사전적인 의미로는 일정한 신조나 신앙고백에 의거하여 자신의 정통성을 주장하려는 태도나 사상을 의미한다. 교파주의로 번역될 경우 일정한 역사적 조직체로서의 교회를 절대시하려는 경향을 보여주는 반면, 신조주의로 번역될 경우 신앙적 결단으로서의 고백을 중시함으로써 역사적 교회에 대한 입장을 표시하는 성향을 보여준다고 할 수 있다.

K
Die christliche Lehre
nach dem Heidelberger
Katechismus

B

제2장

하이델베르크 신앙문답

하이델베르크 신앙문답은 그리스도 예배 질서와 규칙에 관하여 교리 형식으로 정리하여 작성된 것으로, 16세기 개혁파 교회가 종교개혁의 적극적인 방향을 제시하며, 복음에 대한 그들의 인식 형태를 제시하는 방식으로 성립되었습니다.

우리가 여기서 공부하고자 하는 신앙고백 문서는 다른 모든 루터파나 개혁파 기원의 문서보다도 아주 명료하게 한 **교회**의 직접적인 생활의 필요에서 생겨났다는 이유로 인해 보다 깊은 관심의 대상이 됩니다. 하이델베르크 신앙문답의 성립과 그 성립 당시의 목적에 관해 우리가 말할 수 있는 바는 다음과 같습니다. 다른 많은 신앙고백 문서에 대해서도 말할 수 있듯이, 이는 추상적인 신학이나 논쟁 또는 교회 정치의 한 단편과 같은 것이 아니라 교회 생활의 한 요소입니다.

팔츠 선제후 프리드리히 3세가 그 영지를 위해 하나의 교회규칙을 공포하여 실시한 것은 1563년 11월 15일이었습니다. 1563년이라고 한다면, 더 이상 종교개혁 초기가 아니며 처음에 투쟁하며 싸웠던 시기도 아닙니다. 오히려 이미 시작되었던 반종교개혁의 시대이자 갱신된 교회의 고정화가 일어나는 시대였고, 루터파와 칼뱅파의 많은 곤란한 문제가 대결로 치닫는 시대였습니다. 환언하면 루터파와 칼뱅파의 대결 때문에 교회가 일정한 기반에 입각하여 도처에서 일어나고 있었던 여러 분파적 노력과 운동에 대해 자신의 몸을 스스로 지켜야 할 필요가 있었고, 그렇게 하는 것이 바람직하다고 생각되었던 시대였습니다. 팔츠 선제후는 1563년 교회규칙에서 특별한 교회 회원(praecipuum membrum ecclesiae)이라는 자격으로 교회의 통일, 특히 예배의 통일을 위해 노력하고자 하였습니다. 말하자면 하이델베르크 신앙문답 또는 팔츠 신앙문답은 이 교회규칙의 틀에 속한 것이었습니다. 그것은 세례 예전문과 성찬 예전문 사이에 배치되었습니다. 이는 이미 제시된 은혜와 앞으로 제시될 은혜의 도상 가운데에 배치되어 **예전**의 불가결한 구성요소를 이루고 있다는 의미입니다. 이러한 기초 만들기와 종말 사이에서 그리스도교 생활에 관한 문제, 즉 "사나 죽으나 유일한 위로"에 관한 문답이 나왔던 것입니다. 팔츠 교회규칙은 이러한 특수한 기획과 실제적 의도에 관해 명료하게 말하고 있습니다. 그 규칙이 주장하는 바는 다음과 같은 네 가지 관점입니다. 1) 이 신앙고백은 **청년을 교도**하는 데 도움이 되어야 한다. 2) **목사**와 **교사**의 교도에 도움이 되어야 한다. 3) 예배에서도 그 역할을 담당해야 한다. 각각 아홉 번의 일요일마다 전례용 텍스트로 낭독할 수 있도록 아홉 번의 **일과**로서 그 역할을 담당해야 한다. 4) 52회의 일요일로 분류하여, 오후 예배 설교를 위한 **주제의 기초**로서 사용되어야 한다.

이 신앙고백은 한 저자의 작품이 아니라 **협동체**의 작품입니다. 교회규칙에는 명료하게 "우리의 가장 훌륭한 신학자, 지방 감독 교회 사역자, 그 외에 경건하며 박애적인 사람들이 이 작업에 종사하였다"고 기록합니다. 올레비아누스는 불링거에게[1] 이것은 한 사람의 사상이 아니라, 많은 사람들의 거룩한 사상의 집적이라고 하였습니다. 따라서 이것은 공동체에서 태어난 텍스트입니다. 그럼에도 이 사역에는 다음 **두 신학자**가 결정적으로 관여했다고 말할 수 있습니다. 그 가운데 한 사람은 **카스파르 올레비아누스**(Kaspar Olevianus, 1536-1587)입니다. 그는 1536년에 독일 트리어에서 태어났고, 그 지방에서 종교개혁자로서 활동하다가 추방되었습니다. 1560년 이후 처음에는 교수였지만 나중에는 목사가 되어 하이델베르크에 살게 되었습니다. 1562년과 63년에는 교회규칙 완성에 관여하였으며, 1576년에는 팔츠에서 처음으로 시작된 루터 반동운동에 의해 추방되었고, 1587년에 세상을 떠납니다. 또 한 사람은 **자카리아스 우르시누스**(Zacharias

---

1   불링거(Johann Heinrich Bullinger, 1504-1575)는 스위스 종교개혁자다. 쾰른 대학에서 수학하였고 루터와 멜란히톤의 영향을 받았다. 츠빙글리 사후 취리히 교회에 충실한 종교개혁가로 활동했다. 온건한 신학자로서 칼뱅과 취리히 협정을 체결(1549)하고 성찬론의 일치를 통해 종교개혁의 통합을 바라보았다. 제1 스위스 신앙고백 작성에 관여하였고, 제2 스위스 신앙고백(1566)을 작성하여 발표하였다.

Ursinus, 1534-1583)입니다. 그는 1534년에 브레슬라우에서 태어나, 멜란히톤, 칼뱅, 브링가에게서 배웠으며, 1562년에 교수로서 하이델베르크로 입성했다가 상기와 마찬가지로 그 땅에서 추방되어 1587년에 사망하게 됩니다. 신앙문답의 초안을 작성할 때 그의 나이는 28세였고, 올레비아누스는 26세였습니다.

이 작업을 진행하는 데 참고할 **견본**이 전무했던 것은 아니었습니다. 1541년에 레오 유토(Leo Juda)의 신앙문답이, 1559년에는 마르틴 미크론(Marten Micron, 1523-1559)에 의한 런던의 독일인 교회 신앙문답이 등장했습니다. 결정적으로 중요한 역할을 했던 것은 1542년 칼뱅의 신앙문답이었습니다. 이 칼뱅의 신앙문답은 이미 루터파 신앙고백과는 다르게, 율법에 대해 사도신조와 성례전의 우위라는 하나의 중요한 요소를 소유하고 있었습니다. 우르시누스는 일찍이 신앙문답적으로 신학을 저술하는 일에 종사하면서 일종의 "신학전서"(Summa theologia)와 소요리문답(Catechismus minor)을 출판하였습니다. 그는 이런 저술을 통하여 "비참"(miseria), "구원"(liberatio), "감사"(gratitudo)라는 구조를 이미 제시하였습니다. 그러나 이 세 구분은 우르시누스의 독창적인 발견이 아니라 어떤 무명의 "선한 마음을 가진 사람"에 의해서 쓰인, 어떤 **루터파 사람**에 의해서 출판된 "우리 신앙의 올바르고 참된 교리에 관한 간략한 요약"이라는 제목으로 1547년에 나타난 소책자로 거슬러 올라갑니다. 이 저술은 1558년에 하이델베르크에서 재판되었습니다. 우르시누스가 체계적인 작업에 결정적인 공헌을 하였다는 것은 분명합니다. 그는 자신의 작업을 통해 감사라는 관점에서 율법과 기도를 바라보았습니다. "당신은 사나 죽으나 어떤 확실한 위로를 가지고 있습니까?"라는 제1문도 그에게서 유래합니다. 올레비아누스의 협력은 대체적으로 명확한 표현을 통해 마무리하는 작업이라고 말할 수 있습니다.

본 신앙문답의 **소재**는 사도신조, 두 성례, 율법, 주기도문이라는 전통적인 다섯 개의 교리상의 요항입니다. 루터파의 신앙고백도 이러한 요항에 따르고 있습니다.

팔츠에서 채택된 이 하이델베르크 신앙문답은 다른 복음주의 지역에도 널리 알려지게 되었습니다. 이것은 수세기에 걸쳐서 그리고 부분적으로는 현재에 이르기까지 독일, 네덜란드, 헝가리, 스위스의 개혁파 교회의 교과서이자 지침서로 사용되어 왔습니다. 이 신앙문답에서 개혁파적인 특수한 교리는 작은 역할을 담당할 뿐입니다. 그러한 특수한 교리는 대체적으로 47-48문(그리스도의 편재의 양태), 72문의 세례 교리(물과 죄의 씻음으로의 정결 관계의 양태), 75-79문의 성찬 교리(빵과 포도주 가운데 예수 그리스도의 몸과 피의 실재 양태)로 한정될 수 있습니다. 이 세 종류의 문답만이 배타적으로 개혁파 교리로 기술되어 있다고 말할 수 있습니다. 한편 16세기 개혁파 교회를 강하게 뒤흔들었던 예정론이라는 항목은 부가적 기술에 지나지 않습니다. 그리고 예정론에 관해 신경 쓰이는 여러 위험 요소들은 나타나지 않습니다. 하이델베르크 신앙문답에서 진정한 대립은 로마 가톨릭교회의 이론과 실천에 대한 것이었습니다. 이 점에 관해 전선은 명료하게 그어져 있습니다. "아니요"라는 소리가 안 들릴 수 없도록 말하고 있습니다.

우리는 하이델베르크 신앙문답에서 **복음주의의 보편적 인식**에 관한 하나의 글귀를 만나게 됩니다. 상술한 세 가지 특수 교리를 차치한다면, 현명한 루터주의자 역시 분명히 이 지반 위에 설 수 있을 것입니다. 우리는 하이델베르크 신앙문답에서 하나의 유일한 복음주의적 인식과는 전혀 다른 신앙고백이 아니라 단지 그것과는 다르게 표현된 신앙고백을 확인합니다. 당시 사람들을 잠시 놀라게 했던 번쇄한 뉘앙스가 있었습니다. 그러나 그러한 뉘앙스가 있었다고 해서, 그 오래된 논쟁을 오늘날에 다시 끄집어내어 교회를 분리시킬 정도의 중요성을 부여하겠다는 의도가 아닙니다. 하이델베르크 신앙문답은 **종교개혁**의 적극적인 의미를 잘 드러내고 있습니다. 이것이 이 신앙문답을 그리스도교 교리의 발전에 유용한 것으로 남아 있게 만드는 이유입니다.

하이델베르크 신앙문답 가운데 포함된 종교 개혁적 인식의 실체를 먼저 간략하게 요약하고자 합니다.

1. 하이델베르크 신앙문답은 일정한 신 개념을 가지고 있습니다. 이 문답은 모든 피조물과는 전혀 다른, 진실로 자유하시고 탁월한, 사람의 대척자로서의 하나님을 말하고 있습니다. 사실 이러한 하나님을 강조하는 것은 매우 중요합니다. 왜냐하면 하이델베르크 신앙문답은 이미 그 구분이 말해주듯이 구원론적이며, 따라서 사람의 구원에 깊은 관심을 가지고 있기 때문입니다. 그것은 사람에 대한 하나님의 사역이라는 특별한 관점에서 설계된 제3항의 신학[2], 즉 성령의 신학을 제시하고 있다고 말할 수 있습니다. 그러나 사실 이러한 방향성을 가진 신학은 사람중심주의의 위험성을 내포하고 있습니다. 왜냐하면 사람에 대한 일면적인 관심에서 일탈하여, 하나님과 하나님의 사항을 단지 인간적인 경험과 인간적인 체험 지수로만 생각하게 만드는 위험을 담고 있기 때문입니다. 실로 하이델베르크 신앙문답은 지금까지 종종 이런 방면의 어떤 성향 때문에 비난을 받아왔습니다. 슐라

---

2   그리스도교 신조는 일반적으로 제1항 성부 하나님, 제2항 성자 하나님, 제3항 성령 하나님으로 구성되어 있다. 사도신조의 구분을 참조하라.

이어마허가 이러한 비난의 선구자라고 생각하십니까? 이 신앙문답이 말하는 신 개념의 배경을 놓치지 않는 편이 좋습니다. 사람에 대한 하나님의 은혜는 자유로운 은혜이며, 실로 어디까지나 자유로운 은혜입니다. 이 신앙문답은 하나님이 사람에 대해 어떠한 분으로 계시고자 하시는지에 관해 아주 강력하게 설파하고 있습니다. 그러나 우리는 여기서 역으로 먼저 사람이란 하나님을 요구하는 존재로 나타나고 있다는 사실을 잊지 말아야 합니다.

2. 이 텍스트에서 말하는 하나님은 <u>인간이 전혀 알 수 없는 완전히 감춰진 신비로운 하나님</u>이 아닙니다 하나님이라는 말이 나타날 때 항상 문제가 되는 것은 **예수 그리스도 안에서**의 하나님에 관한 것입니다(26문). 하이델베르크 신앙문답의 반복적인 표현에 의하면 하나님은 "그 말씀 안에서 자신을 계시하시는 하나님"(25, 95, 117문)이십니다. 1934년 바르멘에서[3] 언급된 복음주의 교회의 인식에 의하면 "성경 안에서 우리에게 계시되는 예수

---

3   바르멘 선언(정식 명칭 : 독일 복음주의 교회의 현재 상황에 대한 신학적 선언 [Theologische Erklärung zur gegenwärtigen Lage der Deutschen Evengelischen Kirche])은 1934년 '국가사회주의 독일노동자당' 통치시대에 대항하여, 고백교회가 예수 그리스도만이 이 세상의 통치자가 되심을 6개 조항으로 고백하였던 선언문이다. 이 선언문은 독일 교회 투쟁의 신학적 근거가 되었다.

그리스도는 하나님의 유일한 말씀이며…"라는 문장으로 요약되었지만, 이 바르멘 선언의 제1조항은 하이델베르크 신앙문답의 제1문을 단지 형식상으로 상기하여 적은 것이 아닙니다. 예수 그리스도 안에서 하나님의 유일한 말씀에 기초한 신학 이외의 신학이 하이델베르크 신앙문답을 방패로 삼는 것은 결코 있을 수 없는 일입니다.

3. 하이델베르크 신앙문답이 예수 그리스도에 관해 말할 때, 그것은 하나님의 모든 **인자하심**의 총체를 의미합니다. 다시 말해 사람에 대한 단 하나의 완전한 구원과 죄 용서와 위로, 그리고 우리 생활의 모든 것에 대한 의미 즉 섬김으로의 해방을 뜻하는 것입니다(바르멘 선언 제2조항). 물론 여기서 우리는 하나의 수정을 이끌어낼 수 있습니다. 즉 다름이 아니라 하이델베르크 신앙문답이 이러한 선하심을 그리스도교 교계나 교회로 국한하려는 경향을 보인다는 것입니다. 교회 및 그리스도교 교계만이라는 다소 협소하며 조금은 에고이스트적인 이해가 여기에 흐르고 있습니다. 우리는 교회의 벽 안 쪽에 있으며, 경건한 사람들의 모임 안에 있으며, 악한 세상은 유감스럽게도 이것과 어떤 관계도 없습니다. 그러나 하나님의 이름, 하나님의 나라, 하나님의 뜻은 교회를 관통하여 교회의 벽을 넘어서 뻗어나갑니다. "하나

님은 독생자를 주실 정도로 이 **세상**을 사랑하셨습니다." "당신들은 이 **세상**의 빛입니다." 이런 선언이 참된 복음주의적 교리에서 울려 퍼져나가지 않으면 안 되는 강조점입니다. 성경에 의하면 그리스도교와 교회는 어떤 자기목적을 갖기보다는 하나님의 사역에 대한 봉사이며, 따라서 사람에 대한 봉사입니다. 교회는 그것을 통하여 다른 사람들이 부름을 받을 수 있도록 인도하는 하나님을 찬양하는 장소입니다. 이러한 점을 우리가 강조한다면, 우리는 결코 이 하이델베르크 신앙문답이 말하고자 하는 바에서 일탈하지 않게 될 것입니다. 그리스도인들에게 중심이 되는 문제는 하나님이 우리로 말미암아 찬양을 받으시는 것이지, 우리가 축복받는 것이 아니라는 것입니다. 이를 하이델베르크 신앙문답도 말하고 있습니다(86, 99, 122문). 문제의 중심은 우리 이름이 아니라 당신의 거룩한 성호가 영원히 높임을 받는 데 있습니다(128문). 또한 우리가 우리의 이웃을 그리스도께로 인도하는 데 있습니다(86문). 제1문에 대해 요한일서 2:2 말씀인 "그는 우리 죄를 위한 화목 제물이니 우리만 위할 뿐 아니요 온 세상의 죄를 위하심이라"가 인용되고 있습니다. 또한 제2문에 대해 "너희는 택하신 족속이요 왕 같은 제사장들이요 거룩한 나라요 그의 소유가 된 백성이니 이는 너희를 어두운 데서 불러내어 그의 기이한 빛에 들어가게 하신 이의 아름다운 덕을 선포하게 하려하심이라"(벧전 2:9), 그리고 "너희는 이 모든 일의 증인이라!"(눅 24:48)를 인용합니다.

4. 하이델베르크 신앙문답은 종교개혁 신학을 따라 하나님의 인자하심을 받는 유일한 길은 인간의 믿음을 통해서라고 강조합니다. 하나님이 예수 그리스도 안에서 우리를 위하여 계신다는 사실에 대해 아멘이라고 하는 사람은 믿는 자입니다. 그 사람은 믿는 사람으로서 "자기에게는 믿는 것이 **허락되어 있다**"는 식으로, 자신을 하나님의 인자하심의 한 부분으로밖에 이해하지 않습니다. 이처럼 그의 어떠한 행위조차도 그를 도와서 하나님의 인자하심을 얻을 수 있도록 만들어주지는 못합니다. "행위"가 그를 "의롭게" 할 수는 없습니다. 은혜에 대한 자유는 하나님의 자유하신 은혜 가운데 그 기초를 둡니다.

5. 그러나 이러한 믿음이야말로 사람의 **행위에 대한 자유**를 의미합니다. 은혜는 이유 있는 근거를 만들어 마치 메아리처럼 사람으로 하여금 감사를 외치게 합니다. 하이델베르크 신앙문답에 의하면 하나님의 위엄하심과 지상에서의 사람의 용감한 행위 사이에는 그 어떤 모순도 없습니다. 이러한 믿음과 행위의 관계를 마르틴 루터가 보았던 것입니다. 그러나 사실 루터에게는

이 관계가 결코 그렇게 명료하고 투명하게 드러나지 않았다고 말해도 좋을 것입니다. 복음과 율법에 관한 그의 논술을 읽고 있노라면, 우리는 한발 전진하고 두발 후퇴하는 도시 에히터나흐 (Echternach)의 (성령강림절) 행렬과 같이 불분명한 인상을 받게 됩니다. 반면 칼뱅과 그의 제자들은 이 주제를 명확하게 설명했습니다. 우리는 하이델베르크 신앙문답과 같은 문서에서 교의학과 윤리학의 관계에 관해 보다 명확한 가르침을 얻을 수 있습니다.

6. 하나님의 자유와 사람의 자유가 서로 만나는 장소는 **공동체** (Gemeinde)입니다. 나는 의도적으로 교회(kirche)라고 하지 않고 공동체라고 말합니다. 이 단어에 의해 어떤 "직분"(Amt)도 개입되지 않은 그리스도와의 교제 가운데 있음을 드러내고, 그에 따라 서로 믿음의 교제 가운데 존재하는 그리스도인들을 의미하고자 합니다. 이런 공동체에 대해서야말로 복음에 대한 **섬김**이 위탁되는 것입니다. 왜냐하면 이런 공동체에 대해서야말로, 아니 이러한 공동체 전체에 대해서야말로 복음이 선포되고 있기 때문입니다. 하나님의 이름이 거룩히 여김을 받지 않으면 안 되는 이유는 이 공동체의 섬김으로 말미암는 것이지, 신학자나 사제들의 특별한 봉사에 의해서가 아닙니다. 그것은 실로 성도의 교제에 의한 것입니다.

7. 그러나 하이델베르크 신앙문답에서는 상술한 모든 것을 아주 분명하게 "아직도 그렇지 않다"라는 표식 아래 둡니다. 다시 말해 아직 개시되지 않은 궁극의 계시라는 표식 아래에 있다는 뜻입니다. "사나 죽으나 당신의 유일한 위로는 무엇입니까?"라는 문답에서 언급하듯이, **위로**라는 것은 우리가 그렇게 될 것이며, 아직 그렇게 되고 있지 않다는 의미입니다. 우리는 당장 우리의 미래의 모습을 향하여 걸어갈 수밖에 없는 존재입니다. 이러한 장래의 계시에 대한 기대 가운데 우리는 살아갑니다.

이상은 하이델베르크 신앙문답 가운데 깊이 박혀 있는 일곱 개의 못입니다. 여기서 문제는 종교개혁 전체의 공유재산에 관한 것인데, 상기의 일곱 가지 근본적 진리와 비교할 때 많은 복음주의 신앙고백들이 보여주는 다양한 형태의 차이점들이 어떤 의미를 지니느냐는 질문이 제기됩니다. 그러나 만약 종교개혁이 공통적으로 재확인했던 위대한 공통의 진리에 집중하지 않고 오히려 여기서 완고한 태도를 취한다면 그것은 시간과 정력의 낭비가 아니고 무엇이겠습니까?

K
B

Die christliche Lehre
nach dem Heidelberger
Katechismus

제3장

유일한 위로

제1-2문

복음이란 그리스도 공동체에 맡겨진 기쁨의 사신입니다. "비록 죄인이 죄로 말미암아 파멸에 처하여 죽음의 그늘 아래서 살아가지만, 그럼에도 그는 예수 그리스도께 속해 있습니다. 예수 그리스도는 하나님과 인간 사이의 올바른 관계를 회복하시어, 장래에 우리를 확실한 구원의 사람이 되게 하시고 온전한 순종으로 인도하십니다." 자기가 짊어진 곤궁에 대한 인식, 자신이 과분하게도 보호받고 있다는 인식, 자신의 자유로운 순종에 대한 인식은 이러한 위로가 있는 생활에 필연적으로 포함되어 있습니다.

하이델베르크 신앙문답의 1문과 2문은 **"위로"**라는 단어의 표제 아래에 있습니다. 위로라는 말은 일반적으로 어려운 상황에 처한 사람에게 건네는, 일시적이지만 유효한 약속으로 가득한 도움을 의미합니다. 그것은 본인에게는 전혀 반대되는 중대하고도 긴급한 이유가 있더라도, **그럼에도 불구하고** 참고 견디며, **그럼에도 불구하고** 용기를 가지고, **그럼에도 불구하고** 기쁨을 가지게 하는 선한 근거가 되는 도움입니다. 타인을 참으로 위로하는 사람은 "그럼에도 불구하고"에 기초를 두는 그러한 도움을 그 사람에게 제공합니다. 또한 사람이 참으로 위로를 받을 때는 이러한 도움을 받아들이고 이러한 근저를 수용합니다. 복음의 내용은 이러한 의미에서 위로입니다. 그러므로 복음은 **기쁨**의 사신입니다.

이를 이해하기 위해서는 이 위로를 필요로 하는 사람이, 다시 말해 그럼에도 불구하고 참고 견디며, 그럼에도 불구하고 용기를 가지고, 그럼에도 불구하고 기쁨을 가질 수 있다는 근거를 받아들이는 사람 자신이 지금 어떤 곤란한 상황 가운데 있는지를 알아야 할 필요가 있습니다.

하이델베르크 신앙문답은 사람의 이러한 곤란한 상황을 **사나 죽으나**라는 지극히 단적인 글귀로 표현합니다. 이때 강조점은 죽음이라는 두 번째에 있음이 분명합니다. 사람의 삶이란 하나의 종말론적인 가장자리를 가지고 있습니다. 이는 하나의 한계를 가진다는 것입니다. 다시 말해 언젠가 죽는다는 것이 사람에게 정해져 있다는 뜻입니다. 이 한계에서 사람의 현존재에 관한 결정이 일어납니다. 존재냐 비존재냐에 관한 결정이 일어나는 것입니다. 그리고 사람이 비존재에 의해 위협받고 있음이 사람의 상황을 이렇게까지 곤란하게 하기 때문에 이러한 위로를 필요로 합니다. 사람은 결국에는 어디까지나 두려워하지 않으면 안 되는 한 분의 **심판자**를 바라보지 않을 수 없습니다(52문). 사람은 그 죽음에서, 그 한계에서, 그 존재 즉 그 영혼과 그 육체의 **전면적인 붕괴**를 기대할 수밖에 없는 존재입니다(57문). 그리고 마지막에 사람은 이러한 심판과 전면적인 붕괴 후에 닥쳐올 **영원한 죽음**을 대비하지 않으면 안 됩니다(58문). 이러한 그늘 아래에 사람의 삶이 서 있습니다. 사람은 죽음을 향하여 나아갑니다. 이것이야말로 시련이며 이 시련 가운데서 복음은 사람을 위로하고, 따라서 사람에게 그럼에도 불구하고 참고 견디며, 그럼에도 불구하고 용기를 가지며, 그럼에도 불구하고 기쁨을 가질 수 있는 근거를 가져다주는 것입니다. 1문은 이러한 위로를 요약하여(in nuce) 전개하면서, 이러한 것이 가능한 위로란 무엇인가를 하나의 문장으로 담아내고자 합니다. 또한 2문은 이 위로 가운데 살아가며 죽음을 맞이할 때 반드시 알아야 할 세 가지의 인식 요소들을 제시합니다.

제1문. 사나 죽으나 당신의 단 하나의 위로는 무엇입니까?
답. 사나 죽으나 나의 몸도 영혼도 나의 것이 아니고, 나의 신실하신 구주 예수 그리스도의 것이라는 점입니다. 이분이 그 귀한 보혈로 나의 모든 죗값을 완전히 치러주셨고, 악마의 모든 권세로부터 나를 해방시켜주셨습니다. 또한 하늘에 계신 나의 아버지의 뜻이 아니고는 나의 머리카락 하나도 나의 머리로부터 떨어짐이 없을 정도로 나를 보호하여주십니다. 실로 모든 것이 반드시 나의 축복에 도움이 되도록 역사하여주십니다. 그리고 그분의 성령으로 나에게 영원한 생명을 보증하여주시고, 지금부터 그분을 위하여 살아가는 것을 마음으로부터 기뻐하게 하시며, 또한 그것에 합당한 준비를 갖추도록 하십니다.

이 긴 문장에서 결정적인 어구는 "나는 예수 그리스도의 것이다"입니다. 다른 모든 말은 이 글귀의 설명에 지나지 않습니다. 사람에 관해, 사람은 사나 죽으나 몸도 영혼도 전체적으로 예수 그리스도의 것이라는 점만 오로지 말하고 있습니다. 사람은 어떤 제한도 없이 그 어떠한 보류도 없이 예수 그리스도의 것입니다. 여기서는 **모든** 사람을 위한 완전하고 **온전한** 위로를 이야기합니다. 그 외에 말할 수 있는 모든 객관적인 사실은 그 사람의 소유자이신 예수 그리스도라는 이 주체의 존재와 행위로부터 생겨납니다. 참고로 이와 동일한 방식으로 26문은 창조를, 54문은 교회를 설명하고 있습니다.

이제 이러한 점을 통해, 왜 어떤 의미에서 이 위로가 **유일한** 위로인지 이해할 수 있을 것입니다. 우리 축복의 기초는 유일하신 분 예수 그리스도입니다(29-30문). 우리는 "행복하게 하시는" **유일하신 분**을 가질 뿐입니다. 이런 점에서 61문, 66-67문, 특히 60문에서 **유일하신 분**의 희생에 관해 또한 유일하신 분의 속죄에 관해 말할 때, 그 역동성까지 이해가 됩니다. 또한 이 점에서 교회가 **유일하신 분**의 참된 하나님에 관해 말할 때 힘을 주는 방식도 이해가 됩니다(25, 94, 95, 117문). (그리스도교의 유일신론은 마호메트교로부터 완전히 구별되지 않으면 안 됩니다. 그리스도교의 유일신론이란 **유일하신 분 예수 그리스도**를 의미합니다.) 이 점에서 말하자면, 사람의 곤궁이란 그곳에 유일한 위로밖에 존재할 수 없다는 의미에서 **유일한** 곤궁임에 분명합니다.

"**나는 나의 것이 아니라, 예수 그리스도의 것이다.**" 따라서 나는 나 자신의 주인이 아니며 나의 소유물도 아닙니다. 그러므로 나 자신을 위한 근심도 내가 해결할 수 없습니다. 근심이란 준비되지 않은 인간의 실존을 전체적으로 보여줍니다. "너희는 알지 못하느냐?…너희는 너희 자신의 것이 아니라"(고전 6:19). "나는 나의 신실하신 구주 예수 그리스도의 것입니다"라는 고백은 "나는 중심을 떠나서 존재하고 있습니다. 나는 다른 분에게 속해 있습니다. 나는 나의 근심과 나의 비참을 갖고 있으면서도, 또한 나의 성공과 나의 업적을 수반하면서도, 철두철미하게 이 주님께 속하여 있습니다. 그분은 나의 변호자, 나의 보호자, 나의 옹호자입니다"라는 뜻이다. 그분은 "우리를 구속하시고, 그의 소유물이 되게 하시는"(34문) 그런 분입니다. 구속(Apolytrosis) 곧 "지불하여 되사다"라는 개념이 여기서 아주 명확하게 드러납니다. 우리는 "믿음으로 그와 하나가 되어"(24문) "그리스도의 지체"(32문)로서, "그리스도의 복된 몸으로 하나가 되어"(76문), "그리스도에게 접붙임"(64문) 된 것입니다. 로마서 14:7 이하가 "우리 중에 누구든지 자기를 위하여 사는 자가 없고 자기를 위하여 죽는 자도 없도다. 우리가 살아도 주를 위하여 살고 죽어도 주를 위하여 죽나니 그러므로 사나 죽으나 우리가 주의 것이로다"라고 증언하듯이, 또한 고린도전서 3:23에서 "너희는 그리스도의 것이요"라고 증언하듯이, 신약성경이 가진 사고 방식의 전개는 상기한 내용을 그 중심으로 삼습니다. 이 사실이 진실이며 모든 위로의 본질입니다. 나는 그분의 것입니다.

　다음의 두 진술이 뒤따릅니다.

a) "이분이 그 귀한 **보혈**로 나의 모든 죗값을 완전히 치러주셨고, 악마의 모든 권세로부터 나를 해방시켜주셨습니다. 또한…"

b) "그리고 그분의 **성령**으로 나에게 영원한 생명을 보증하여주시고, 지금부터 그분을 위하여 살아가는 것을 마음으로부터 기뻐하게 하시며, 또한 그것에 합당한 준비를 갖추도록 하십니다."

전자는 "**그 귀한 보혈**"이라는 개념 아래에 완전히 서 있으며, 후자는 "**그 성령**"이라는 개념 아래에 서 있습니다. 이 대조는 하이델베르크 신앙문답에서 가끔씩 반복되는(69-74, 86문 참조) 패턴입니다. 즉 보혈과 성령이 예수 그리스도로 하여금 나의 위로의 주님이 되게 하고, 또한 그러한 분으로서 그분을 나의 삶과 죽음의 위로가 되게 합니다. 여기서 말하고자 하는 첫째는 **우리를 위한 그분의 객관적 행위**이며, 둘째는 우리에 대해 **우리 안에서 행하시는 그분의 주체적 행위**입니다. 복음의 위로는 이 양자, 즉 예수 그리스도의 인격과 사역의 **전체**를 말합니다.

1. 시련 가운데서도 그럼에도 불구하고 참고 견디며, 그럼에도 불구하고 용기를 가지며, 그럼에도 불구하고 기쁨을 가질 수 있는 **객관적 근거**는 예수 그리스도가 그 보혈로, 다시 말해 그 생명을 포기하면서 하나님과 사람 사이의 혼란스러운 질서를 회복하여주셨다는 사실에 있습니다. 왜냐하면 우리의 시련이란 객관적으로는 이 질서가 어지럽혀지고 하나님과 사람 사이의 평화가 파괴되어 있다는 사실에 있기 때문입니다. 사람은 **죄인**이고 하나님을 욕보이는 자이며 하나님을 대적하는 자입니다.

　죄인으로서 사람은 **잃어버린** 자이자 죽음에 사로잡혀 있는 자입니다. 하나님은 자신을 업신여기지 않습니다. 죄 있는 사람은 악마의 힘 안으로 빠져들어갑니다. 그 가운데서 사람의 생명이 유지될 수 없는 **알 수 없는** 수중의 늪으로 떨어지는 것입니다. 사람은 하나님을 거역하는 영역으로 나뒹굴며, 그와 동시에 사람을 배반하는 영역으로 빠져듭니다. 이처럼 손상된 사람

의 정상성[1] 예수 그리스도가 우리를 그 힘으로부터 **구원하여**
주심으로써 그분 안에서 회복되었습니다. 동시에 살아가는 것이
허락되고, 따라서 살아갈 수 있는 하나의 장소로 사람은 재 위치
하게 되었습니다. 나의 아버지의 뜻이 아니고는 나의 머리카락
하나도 나의 머리로부터 떨어짐이 없을 정도로 나를 **보호**하여주
십니다. 실로 모든 것이 반드시 나의 축복에 도움이 되도록 사람
은 보호받고 비호받는 자유한 상태로 옮겨졌습니다. 이것이 이
제야 새롭게 명예 회복된 사람의 정상성이며, 그것에 의해서 사
람은 객관적으로 온전히 보호받는 존재로서의 생존이 허락되었
습니다. "나를 보내신 이의 뜻은 내게 주신 자 중에 내가 하나도
잃어버리지 아니하고 마지막 날에 다시 살리는 이것이니라"(요
6:39). 또한 "우리가 알거니와 하나님을 사랑하는 자 곧 그의 뜻
대로 부르심을 입은 자들에게는 모든 것이 합력하여 선을 이루
느니라"(롬 8:28).

　베르너 베르겐그륀(Werner Bergengruen, 1892-1964)은 "호
조"(護照)라는 시에서, 사람의 이러한 신뢰와 보호를 다음과 같

1　'정상성'(正常性)으로 번역된 단어는 Recht이다. 사전적 의미로는 올바름, 정당
　한 것, 정당한 권리, 법 등이 여기에 속한다. 본서에 빈번하게 등장하는 이 단어
　를 통해 바르트는 하나님에 의해 창조된 인간이 그분의 주권 아래서 그분에 의
　해 정해진 올바른 질서에 맞게 정상적으로 살아가는 그 자체임을 이야기한다.

이 아름답게 표현하였습니다.

이것은 이것

믿음 소망 사랑으로 쓴 서한

이것을 집 곳간에 들인 자는

싸라기눈이 그 밭을 해하지 않고

참새가 그 앵두나무를 흩뜨리지 않으며

그 수로가 허물어지지 않고

입이 없는 자도 그 사람을 고소하지 않으며

열병이 그 아이를 괴롭히지 않으리다.

불은 그를 피하며

격심한 기근조차

사지의 아픔도

어두운 생각도 그러하다.

쥐나 구더기들이 주방을 덮치지 않고

녹도 도둑도 포리(捕吏, Polizei)도 그 사람을 스쳐 지나가며.

돌도 그 신발에 들지 않고

방광 콩팥도 그러하다.

하나님은 그에게 힘을 주시고

많은 일을 하게 하신다.

이것은 이것

믿음 소망 사랑으로 쓴 서한

여기에 쓰인 것은 무엇인가.

나는 하나님께 몸을 맡긴 자.

황금 가득한 하나님의 창고는

나의 성곽이며 보루.

예수 그리스도의 거룩한 몸과 피는

나의 갑옷이며 철갑.

포탄 총알 같은 것으로

누구든 나를 이길 수 없다.

이렇게 나는 철과 납

독과 쇠고랑으로부터 자유로운 자.

죽음이 살갗을 강하게 때릴지라도

이윽고 그 길은 닫혀질 것이며,

불이 나를 에워싸고

큰물이 나를 위협할지라도

하나님께 몸을 맡기는 자가 된다면

내 턱을 넘어 다가오지 못하리라.

어떤 불행이 닥쳐올지라도

나는 불행을 곁에 남겨두지 않으리라.

어떠한 노고에 시달리더라도

나는 노고로 죽지 않으리라.

며칠 밤 뜬 눈으로 번민에 휩싸여도

결국에는 아침을 맞이할 것이라.

제아무리 밀방 암실에서

나의 적들이 꾀를 도모할지라도,

나를 해하지 못하리라.

나는 산다.

이처럼 이 세상은 나에 대해 무력하다.

하나님의 기쁨과 나의 기쁨에

모든 것이 준비되어 따른다.

이것은 이것.

믿음 소망 사랑으로 쓴 서한

더 이상 쓸 말이 없다.

나는 항상 하나님께 몸을 맡기는 자.

2. 우리의 위로가 가지는 이러한 객관적인 근거에 대해, 시련 가운데서도 그럼에도 불구하고 참고 견디며, 그럼에도 불구하고 용기를 가지고, 그럼에도 불구하고 기쁨을 가진다는 **주관적인**

근거가 서로 마주합니다. 다시 말해 주님의 **성령**이 마주합니다. 성령, 이분은 우리 가운데서 역사하시며 증언하시는 하나님 자신이십니다. 성령은 사람을 예수 그리스도에 의해서 회복된 질서의 자유 가운데로 옮겨가십니다. "너희도 진리의 말씀 곧 너희의 구원의 복음을 듣고 그(그리스도) 안에서 또한 믿어 약속의 성령으로 인치심을 받았느니라"(엡 1:13).

a) 예수 그리스도는 그 성령으로 **영원한 생명**의 확신을 가져다주십니다. 죄 있는 사람은 불안 가운데 살아가며, 불안 가운데 있으면서 자신의 미래를 가장 위협하는 그 미래를 기다리며 살아갑니다. 어질러진 질서 가운데 살아가는 사람은 앞으로 다가오는 것에 대한 **근심**으로 살아갑니다. 죽음, 그것이 다가옵니다. 그 그늘이 우리의 삶을 가로지르며, 매일 새로운 아침 햇살을 근심으로 가득 메워버립니다. 이렇게 어그러진 질서와 파괴된 인간의 정상성이 예수 그리스도 안에서 회복되었습니다. 동시에 살아가는 것이 허락되고, 따라서 살아갈 수 있는 하나의 장소로 사람을 다시 데려가신 것입니다. "하늘에 계신 나의 아버지의 뜻이 아니고는 나의 머리카락 하나도 나의 머리로부터 떨어짐이 없을 정도로 나를 보호하여주십니다. 실로 모든 것이 반드시 나의 축복에 도움이 되도록" 사람을 지켜주시고 보호하시고 비호

하시어 참 자유의 상태로 이주시켜주셨습니다. 이것이야말로 이제 명예 회복된 사람의 정상성입니다.

그러나 동시에 인생의 상황은 어떻습니까? 사람이 그 안에서 생존하며 근심하는 삶이 단지 경감되는 것이 아니라 완전히 바뀌었습니다. 예수 그리스도가 그 성령으로 나에게 영원한 생명의 확신을 주심으로써 시간 안에서 살아가는 나의 삶도 이러한 보증 아래에 설 수 있게 되었습니다. 시간적으로 내 삶이 매일 아침의 햇살 가운데서 "영원한 아침의 빛, 마르지 않는 빛의 빛"으로 나타날 수 있게 되었습니다. "그러므로 내일 일을 염려하지 말라"(마 6:34)라는 말씀이 이제는 누구에게나 허락되었습니다. "너희도 그리스도 안에서 성령으로 인치심을 받았느니라"(엡1:13)라는 이 말씀이 이제 힘을 지닙니다. 더 나아가 궁극적인 힘을 드러냅니다.

b) 더욱이 "지금부터 그분을 위하여 살아가는 것을 마음으로부터 기뻐하게 하시며, 또한 그것에 합당한 준비를 갖추도록 하십니다"라고 답합니다. 성령에 의해서 아주 단순한 그러나 아주 명료한 **방향**이 사람의 삶 속에 나타났습니다. 성령은 내가 기쁨으로 일을 행하게 하시는 분이며 그렇게 준비하도록 인도하시는 분입니다. "성령은 나를 성자로 만든다" 또는 "영웅으로 만든다"라고 말하지 않습니다. 하이델베르크 신앙문답은 허황되고 과장

된 말을 사용하지 않습니다. 명확하며 동시에 조심스럽게 다음과 같이 말합니다. "그리스도로 말미암아 하나님 안에서 마음 깊이 기뻐하며, 하나님의 뜻에 따라서 모든 선을 행하며 살기를 사모하며 즐거워하는"(90문) 것이라고 말입니다. 이는 성령으로 감동되고 고무된 새로운 사람의 징후입니다. 104문은 "순전한 뜻"에 관해 말하며, 115문은 조심스럽게 "우리가 더욱 진지하게 구하는" 것에 대해 언급합니다. 우리는 여기서 두 가지 즉 조심스럽게 표현하는 것과 결정적으로 문제가 되는 것에 주목하지 않을 수 없습니다. "무릇 하나님의 영으로 인도함을 받는 사람은 곧 하나님의 아들이라"(롬 8:14). 이는 예수 그리스도의 사역이며 사나 죽으나 우리의 유일한 위로이고 복음의 내용입니다.

제2문. 이 위로 가운데 복되게 살고 죽기 위해서는 어떤 것들을 알아야 합니까?
답. 세 가지를 알아야 합니다. 첫째로 나의 죄와 비참이 얼마나 큰 것인가, 둘째로 나의 모든 죄와 비참에서 어떻게 구원을 받아야 하는가, 셋째로 그 구원에 대해서 내가 어떻게 하나님께 감사해야 하는가입니다.

2문은 하이델베르크 신앙문답 편집자들이 주목하고 있었던 그

리스도교 교리의 의미, 의도, 계획을 분명하게 밝혀주는 부분입니다. 유일한 위로를 받고, 그 유일한 위로에 의해서 살고 죽을 수 있으려면 일정한 **지식**이 필요합니다. 이 위로는 이해를 추구합니다. 따라서 그것은 이성을 부르기도 합니다. 유일한 위로가 그렇게 힘이 있고 신비로 가득한 것이라 할지라도 비합리적인 것은 아닙니다. 그곳에는 인식할 수 있는 것이 있으며, 따라서 **알 수 있는** 것이 있습니다. 그렇다고 해서 몇몇의 신학자 또는 특별한 능력을 가진 사람들이 아닌 모든 사람이 알 수 있습니다. 하이델베르크 신앙문답은 이 점을 아주 명료하게 가르칩니다. 6문에 의하면 "사람은 첫째로 창조주 하나님을 바르게 인식"하도록 창조되었고, 따라서 우리는 "하나님의 말씀을 배우지" 않으면 안 됩니다(103문). 신앙이란 "하나님이 그 말씀으로 우리에게 계시하시는 모든 것을 내가 진실하다고 생각하는 어떤 지식"(21문)이며, 그렇기 때문에 하나님의 이름을 높이는 것은 무엇보다도 "하나님을 바르게 인식한다"(122문)는 행위입니다. 그러므로 위로 안에서 생활한다는 것이란, 이 복음의 위로가 분명히 하나님의 위로인 이상 하이델베르크 신앙문답과 로마서 12:1에 의하면 이성적 하나님 섬김(logike latreia)입니다. 다시 말해 이 복음의 위로가 명확하게 하나님의 위로라고 한다면 그러하다는 것입니다. 그런데 하나님이 문제가 될 때 지혜도 문제가 됩니다. 사람 편에서는 일종의 인식과 일종의 지식이 문제가 됩니다. 이 위로는 사람 **전체**에 관계하며 따라서 인식하는 사람에게도 관계합니다.

2문은 그리스도교 교리의 계획에 대한 윤곽을 그려냅니다. 물론 그리스도교 교리를 1문에 기초하여 전개하는 것도 전혀 불가능한 일은 아닙니다. 그러나 하이델베르크 신앙문답은 그러한 길을 택하지 아니하고 앞으로 어떻게 세워가야 할지 세 가지 노선을 제시합니다. 즉 사람은 자기 자신의 죄책으로 말미암아 **곤궁** 가운데 있으며, 사람은 그 어떤 공로도 없이 **보호**받고 있고, 그렇기 때문에 자유한 **순종** 가운데 있습니다. "우리도 전에는 어리석은 자요 순종하지 아니한 자요 속은 자요 여러 가지 정욕과 행락에 종노릇한 자요 악독과 투기를 일삼은 자요 가증스러운 자요 피차 미워한 자였으나, 우리 구주 하나님의 자비와 사람 사랑하심이 나타날 때, 우리를 구원하시되 우리가 행한 바 의로운 행위로 말미암지 아니하고 오직 그의 긍휼하심을 따라 중생의 씻음과 성령의 새롭게 하심으로 하셨나니 우리 구주 예수 그리스도로 말미암아 우리에게 그 성령을 풍성히 부어주사 우리로 그의 은혜를 힘입어 의롭다 하심을 얻어 영생의 소망을 따라 상속자가 되게 하려 하심이라"(딛 3: 3-7). "또 이르시되 이같이 그리스도가 고난을 받고 제 삼일에 죽은 자 가운데서 살아날 것과 또 그의 이름으로 죄 사함을 받게 하는 회개가 예루살렘에서 시작하여 모든 족속에게 전파될 것이 기록되었으니 너희는 이 모든 일의 증인이라"(눅 24:46-48). 비참과 훈계와 순종, 이러한 모든 것이 이 **위로** 가운데 포함되어 있습니다.

K

Die christliche Lehre
nach dem Heidelberger
Katechismus

B

제4장
하나님의 고발

제3-9문

예수 그리스도가 그 모든 것보다 하나님을 사랑하고 그 이웃을 자기 몸같이 사랑하셨다는 것으로부터, "사람이란 본래부터 그 모든 생활에서 어떤 이유도 없이, 또한 어떤 변명의 여지도 없이 그 반대의 짓을 행하고, 따라서 하나님의 정상성을 파괴하는 자"라는 사실이 예수 그리스도 안에서 분명하게 드러났습니다. 그런데 이렇게 사람을 고발하는 분이 다름 아닌 예수 그리스도 라는 것 자체가 이미 위로입니다.

제1부는 **"사람의 비참에 관한"** 내용이었습니다. 그런데 모두의 눈에 가장 먼저 비치는 점은 이 부분이 제2부나 제3부보다도 너무 간결하다는 것입니다. 이는 우연한 것도 아니지만, 그렇다고 아무래도 좋다는 뜻도 아닙니다. "그의 노염은 잠깐이요, 그의 은혜는 평생이로다"(시 30:5). "'내가 넘치는 진노로 내 얼굴을 네게서 잠시 가렸으나 영원한 자비로 너를 긍휼히 여기리라' 네 구속자 여호와께서 말씀하셨느니라"(사 54:8). 우리가 3-9문 및 10-11문에서 듣게 되는 내용은 이미 확신한 대로 우리가 위로 가운데에 싸여 있다는 것입니다. 이는 다른 알 수 없는 어떤 원천이 아닌 유일한 그리스도교적 진리로부터 길어낸 내용입니다. 따라서 그것은 추상적으로 전개된 내용이 아닙니다. 그리스도교적 사람, 다시 말해 다름 아닌 믿는 사람이야말로 여기에 기술

된 바로 그 사람입니다. 여기서 언급되고 있는 내용은 예수 그리스도와 관계하는 사람이 내딛는 첫걸음의 상황입니다. 불신앙의 사람은 이러한 상황을 진실로 인식하지 못합니다. 거듭나기 이전의 사람이 아닌 기쁨의 사신을 만남으로써 은혜가 주어진 사람이야말로 이러한 상황을 인식할 수 있습니다. 그러한 사람이야말로 사람의 비참을 압니다. 사람에 대해 5, 6, 9문에서 말하듯 단호하게 "아니요"라고 말할 수 있는 행위는 저 최고 재판소에서만 가능합니다. 더욱이 최고 재판소가 마지막 한마디로 이러한 "아니요"를 언급한다는 것은 결단코 있을 수 없는 일입니다. 왜냐하면 복음은 사람을 단독자가 아닌 항상 그 신뢰할 수 있는 구주의 소유물로 보기 때문입니다.

제3문. 당신은 자신의 비참을 무엇으로 압니까?
답. 하나님의 율법으로부터 압니다.

제4문. 하나님의 율법은 우리에게 무엇을 요구합니까?
답. 그리스도는 마태복음 3장에서 요약하여 우리에게 다음과 같이 가르쳐주십니다. "'네 마음을 다하고 목숨을 다하고 뜻을 다하여 주 너의 하나님을 사랑하라' 하셨으니 이것이 크고 첫째 되는 계명이요, 둘째도 그와 같으니 '네 이웃을 네 자신같이 사랑하라' 하셨으니, 이 두 계명이 온 율법과 선지자의 강령이니라"(마 22:37-40).

3-9문은 사람을 고발하는 것에 관해 말하고 있습니다. 하나님의 말씀은 사람이 정상성을 파괴하였다는, 다시 말해 사람과 하나님 사이에 설계된 질서를 파괴하였다는 죄를 묻고 고발합니다. 이것이 사람이 처한 비참의 근원입니다. 하나님의 이 말씀을 알고 있는 사람, 그것을 기쁘게 듣는 사람, 듣고 준비하는 사람, 사나 죽으나 유일한 위로에 고착하는 사람, 그러한 사람이야말로 자기가 하나님의 정상성을 파괴한 자(60문)임을 알고 있으며, 자신의 양심을 고발함으로써 "이 인생에서 우리의 최선의 사역도 모두 불완전하며 죄로 오염되어 있음"(62문)과 더불어 "우리는 날마다 그 빚을 더 늘려갈 뿐임"(13문)을 인정합니다. 또한 "가장 정결한 자라 할지라도 이 인생으로 살고 있는 한 그 순종이란 그저 약간의 시작에 불과하다"(114문)는 사실을 인정하고, 또한 "악이 우리에게 항상 붙어 있음을"(126문) 인정하고, 따라서 "자신의 죄 때문에 자기를 혐오하는"(81문) 사람만이 주님의 식탁에 참여할 수 있음을 인정합니다.

제5문. 당신은 이 모든 것을 완전하게 지킬 수 있습니까?
답. 절대로 지킬 수 없습니다. 나에게 본성적으로 하나님과 나의 이웃을 미워하는 성향이 있기 때문입니다.

사람이 하나님의 율법으로 설정된 정상성을 완전하게 지켜 행한
다는 것은 전혀 있을 수 없는 일입니다. 사람은 오히려 "하나님
과 이웃을 미워하는 성향"을 가지고 있기 때문에, 그러한 정상성
을 마음에서부터 철저하게 부정하는 자에 지나지 않습니다.

제6문. 그러면 하나님은 사람을 그렇게 악하고 패역한 자로 창조하
셨습니까?
답. 아니요. 전혀 그렇지 않습니다. 오히려 하나님은 사람을 선한
자로, 그 형상대로 창조하셨습니다. 즉 참된 의와 거룩함으로 창조
하셨습니다. 이는 사람이 그 창조주 하나님을 올바르게 인식하고,
마음을 다하여 사랑하며, 영원한 축복 가운데 하나님과 함께 살아
가고, 하나님을 찬양하기 위함이었습니다.

이러한 사실은 하나님의 창조에 근거한 이야기가 아닙니다. 하
나님은 사람을 선한 자로 창조하셨습니다(창 1:31). "그것은 사람
이 그 창조주 하나님을 올바르게 인식하고, 마음을 다하여 사랑
하고, 영원한 축복 가운데 하나님과 함께 살아가고, 하나님을 찬
양하기 위함이었습니다." 이것이야말로 사람의 실존 근거를 이

루고 있는 언약의 신적 정상성입니다.

제7문. 그러면 사람의 이러한 타락한 본성은 어디에서 오는 것입니까?

답. 그러한 본성은 우리의 최초의 조상인 아담과 하와가 낙원에서 타락하고 불순종한 데서 옵니다. 왜냐하면 우리의 본성은 독에 감염되어 우리 모두는 죄 가운데 잉태되고 죄 가운데 출생하게 되었기 때문입니다.

사람이 정상성을 파괴하는 자가 되었다는 것은, 언약으로부터 타락하였다는 사실과 더불어 사람이 역사 안으로 들어온 죄라고 하는 불가능한 장소로 향할 때 지참하는 불순종에 근거합니다.

제8문. 그렇다면 우리는 어떤 선한 것에 대해서도 완전히 무능하며, 모든 악으로 기울어져 있을 정도로 타락하였습니까?

답. 그렇습니다. 하나님의 성령으로 거듭나지 않는 한 그럴 수밖에 없습니다.

이렇게 하여 사람은 모든 인류의 한 개인으로서 선에 대해 무능한 자이자, 모든 악으로 기울어져 있는 자로 등장합니다. 상황이 바뀌려면 "새로운 시작"이 필요합니다.

제9문. 그렇다면 하나님이 율법에서 사람이 할 수 없는 것을 사람에게 요구한다는 것은 사람에 대해 부정을 저지르는 것은 아닙니까?
답. 그렇지 않습니다. 왜냐하면 하나님은 그런 행위가 가능하도록 인간을 창조하셨기 때문입니다. 그런데 인간은 악마의 꾐에 빠져 무모한 불순종을 저지름으로써 자기 자신과 모든 후손으로부터 이 은사를 빼앗겼습니다.

인간은 어떤 역사적 압박 아래서 그것이 너무나 힘들다고 말할 수는 없습니다. 하나님은 인간을 선하게 창조하셨지만, 인간은 자신의 자유를 부정하고 그것을 잃어버리고 말았습니다.

　상술한 맥락에서 주목할 가치가 있는 점은 사람의 특별한 악행에 대한 반성이 보이지 않는다는 것입니다. 물론 나중에 분명히 소개되지만 말입니다. 사람은 16세기에도 여전히 천사가 아니었습니다. 사람의 숱한 악행을 이름을 들어 말하자면 쉽게 말할 수 있습니다. 사람은 모든 선에 대해 무능하며 하나님과 이웃을 증오하는 경향을 가지고 있다는 것만이 인간에 관해 말할 수 있는 사실입니다. 귀 있는 자들은 들어야만 합니다. 더 나아가 상술한 문맥에서는 인간에 관해 말할 수 있는 여러 선한 것과 장점에 대해서도 전혀 언급이 없습니다. 인간이 악하다는 것은 어떻게 할 수 있는 바가 아닙니다. 이는 그 어떤 역사철학에 의해서도 기초를 세우거나 설명 가능한 것이 아닙니다.

이 고발의 권위와 진리성은 어디에 기초를 두고 있을까요? 이는 우리가 때때로 사람들부터 받을 수 있는 여러 인상에 기초한 것이 **아닙니다.** 그러한 인상은 항상 바뀝니다. 말하자면 사람이 근본적으로 선하지 않으며, 휴머니즘이나 문화로 덧칠된 것이 고통스러울 정도로 얇다는 사실이 드러났고, 이 덧칠을 벗겨내고 인간의 깊은 곳에 잠재된 동물적 본질을 끄집어내는 것은 전혀 수고스럽지도 않습니다. 그런데 이런 점들이 3-40년 전보다 오늘날에 와서 더욱 명료하게 드러납니다. 우리가 분명히 알아야 하는 점은 오늘날의 이러한 모습도 또다시 변화될 수 있다는 것입니다. 예를 들면 30년 전쟁 당시 인간은 선하지 않기 때문에 당연히 고발당한다는 사실을 모든 사람이 확신하였습니다. 그런데 1648년에 이 전쟁이 끝나고 그 세기의 마지막 즈음에 라이프니츠가 낙관주의적 학설을 가지고 학파를 만들기 시작하면서, 사람의 선과 덕에 관해 실로 찬란한 견해로 18세기를 내다보았습니다. 이렇게 하여 인간을 모든 선에 대해 무능한 자 또한 하나님과 이웃을 미워하는 경향을 가진 자라는 식으로 특징짓는 것은 너무 과도하다고 주장한다는 점에서 로마 가톨릭의 생각과 휴머니즘의 생각은 서로 일치하였습니다.

그러나 이 고발은 다양한 논쟁의 여지가 있는 관점이나 인상으로부터 오지 않습니다. 그것은 전혀 다른 근거를 가지고 있습니다. 이는 단순히 인간의 고발이 아닙니다. 3문에서 9문에 이르는 문답의 진술은 인간적 낙관주의나 비관주의의 산물이 아닌 하나님의 율법을 들음으로부터 도출되었습니다. 모든 문제는 인간에 대한 보다 관대한 평가와 오늘날 우리의 비교적 엄격한 관점이 이러한 신적 대면 앞에 서 있는지의 여부에 달려 있습니다. 이 대면 속에서 인간은 악한 자라는 판결이 내려집니다. "우리는…본질상 진노의 자녀이었더니"(엡 2:3). "의인은 없나니 하나도 없으며"(롬 3:10). "여호와께서 사람의 죄악이 세상에 가득함과 그의 마음으로 생각하는 모든 계획이 항상 악할 뿐임을 보시고"(창 6:5). "모든 사람이 죄를 범하였으매 하나님의 영광에 이르지 못하더니"(롬 3:23). "우리는 다 양 같아서 그릇 행하여 각기 제 길로 갔거늘"(사 53:6). "육으로 난 자는 육이요"(요 3:6). "육신의 생각은 하나님과 원수가 되나니 이는 하나님의 법에 굴복하지 아니할 뿐 아니라 할 수도 없음이라"(롬 8:7). "하물며 악을 저지르기를 물 마심같이 하는 가증하고 부패한 사람"(욥 15:16). 이러한 것이 사람입니다. 그러나 그 어떤 자기비판에 의해 그러한 것이 아니라 하나님이 그에게 말씀하여주셨기 때문입니다.

사람을 그렇게 고발하는 **하나님의 율법**이란 도대체 무엇입니까? 하나님의 율법은 어디서 어떻게 듣게 되는 것입니까? 우리는 여기서 너무 성급하게 **양심**이라고 말해서는 안 됩니다. 또는 큰 목소리로 **자연법**에 관해 말하는 것도 유감스럽지만 허락되지 않습니다. 우리가 우리 자신 안에 가지는 보편적인 자연법칙은 우리를 이러한 고발 아래에 결코 세우지 않습니다. 하이델베르크 신앙문답은 성경에 기록된 하나님의 율법을 우리에게 말합니다. 그것은 **십계명**에 관해 말하고 있습니다. 그렇습니다. 십계명에 관해 실제로 말하고 있습니다. 그러나 이 경우에 반드시 명심해야 하는 바가 있습니다. 바로 이 십계명이 **은혜 언약**의 질서라는 것입니다. 이 언약에서 비로소 두 장의 돌판이 힘을 가집니다. 여기서 비로소 아니 여기에서만 십계명이 인간을 하나님의 대적자로 드러내 보여줍니다. 하나님의 은혜에 대해 알지 못하는 사람이 그 죄에 관해 어떻게 무엇을 알겠습니까? 십계명은 하나님의 백성에게 주어진 것입니다. 하나님이 사랑과 은혜를 입혀주신 사람들에게 그것은 생활의 질서입니다. 왜냐하면 은혜 언약은 그 실체가 바로 예수 그리스도이기 때문입니다. 그러므로 5문은 예수 그리스도를 말합니다. 그리스도는 단지 구약을 해석하고 반복하시는 분이 아닙니다. 그분 자신이 율법을 스스로 이루셨습니다. 그분은 하나님과 사람을 사랑하시며, 하나님과 사람 사이의 그 정상성을 되돌려주신 분입니다. 그렇기 때문에 예수님이 율법의 총체를 우리에게 가르쳐주셨다고 말하는 것입니다. 그분 안에서 하나님은 인간을 대신하셨고 인간은 하나님을 대신합니다. 이 두 이야기가 113문이 말하는 의미에서 일어났습니다. 우리가 율법에 관하여 이야기할 때, 우리는 예수 그리스도를 말하는 것입니다. 창세기 1:31 역시, 이 사람 안에서 참되고 구체적인 "대상"으로의 예수 그리스도를 말합니다. "만물이 그로 말미암아 지은 바 되었으니 지은 것이 하나도 그가 없이는 된 것이 없느니라"(요 1:3; 참조. 골 1:16ff. 히 1:2.). 우리는 여기서 8문에서 인용된 이사야 53:6 말씀 "우리 모두의 죄악을 그에게 담당시키셨도다"에 주목하지 않으면 안 됩니다. 왜냐하면 바로 그러한 분이 아니 실로 하나님의 은혜가 우리를 고발한 고발자이기 때문입니다. 예수님이 그러한 고발자이기 때문에 변화하는 여러 인간적인 견해나 의견에도 불구하고, 또한 그러한 것 가운데서도 하나님의 고발은 결코 피할 수 없습니다. 그렇기 때문에 그 고발이 진정한 힘을 발휘합니다.

그러나 3-9문이 말하고 있는 고발이 그리스도로부터 시작된 은혜의 계시로서 이해되어야 한다고 주장한다면, 더 이상 추상적인 고발도 아니며, 사람을 죽이려는 율법으로서 우리를 고발한 것도 아닙니다. 오히려 거기에는 복음의 은밀한 위로로 가득합니다. 여기서 우리를 고발하는 그분은 우리에 대해 악의를 품고 계시지 않습니다. 그분은 소원한 분이 아닙니다. 예를 들어 우리가 그분의 적이라 할지라도 그분은 우리의 적이 아닙니다. 그 진실에는 끝이 없습니다. 그러므로 우리는 여기서 "전에 나를 위하여 하나님의 심판에 대해 자신을 드리신 그 심판의 주님이 하늘로부터 임하시기를 기다립니다"(52문)라는 강력한 인식을 선취할 수 있습니다. 이것은 3문에서 9문까지의 문답이 고발을 완화시킨다는 의미가 아닙니다. 여기서 사람에 대해 말하고 있는 모든 것은 여전히 정당하며 전혀 변함이 없습니다. 단지 하나님의 사랑이 그렇게 불타오르고 있습니다. 따라서 이 고발이 이러한 고뇌의 불태움으로 가득한 까닭도 그것이 자기 자신을 추궁하는 고발이 아니기 때문에 다음 말씀을 읽게 되는 것입니다. "우리가 다 수건을 벗은 얼굴로 거울을 보는 것 같이 주의 영광을 보매 그와 같은 형상으로 변화하여 영광에서 영광에 이르니 곧 주의 영으로 말미암음이니라"(고후 3:18).

K

Die christliche Lehre
nach dem Heidelberger
Katechismus

B

제5장
하나님의 심판

제10-11문

죄에 반드시 수반될 수밖에 없는 버림과 저주, 그 어떤 구원의 소망도 없이 인간 스스로 빠질 수밖에 없었던 버림과 저주를 예수 그리스도가 인간을 대신하여 받으심으로써 하나님 앞에서 인간의 정상성이 인간 자신의 죄로 말미암아 상실되었다는 사실을 그분이 분명하게 드러내셨습니다. 그런데 인간에 대해 이러한 판결을 선포한 것이 다름 아닌 예수 그리스도라는 사실이 위로입니다.

제10문. 하나님은 그러한 불순종과 배도를 전혀 벌하지 않은 채로 그냥 내버려 두십니까?

답. 결코 그렇지 않습니다. 하나님은 우리가 태어나면서의 죄에 관해서도, 실제로 범한 죄에 대해서도 심히 진노하십니다. 그 죄를 의로운 심판을 통하여 현세에서와 영원히 벌하고자 하십니다. 그것은 하나님이 "누구든지 율법 책에 기록된 대로 모든 일을 항상 행하지 아니하는 자는 저주받을 것이라"고 말씀하신 그대로입니다.

제11문. 그러나 하나님은 자비하심이 깊은 분이 아닙니까?

답. 분명히 하나님은 자비하심이 깊은 분입니다. 그러나 또한 그분은 의로우신 분입니다. 그러므로 하나님의 의는 하나님의 궁극적 권위를 거슬러 범하는 죄에 대해 동일하게 궁극적인 벌, 즉 영원한

형벌로 몸과 영혼을 벌하시길 원하십니다.

3문에서 9문까지 전개된 내용은 **하나님의** 고발입니다. 그리고 하나님의 고발로서 진실하기 때문에 그 고발에는 **판결**이 수반됩니다. 다시 말해 사람은 죄인이기 때문에 그 **형벌**로서 도저히 건져냄을 받을 수 없는 구렁텅이에 빠져 있다는 판결의 선포가 수반됩니다. 인간은 하나님의 정상성을 파괴함으로써 자기 자신의 정상성을 잃어버렸습니다. 10문은 이 점을 말하고 있습니다. 사람은 그 창조 이래로 하나의 정상성을 가지고 있습니다. 즉 하나님의 자녀로서 하나님 앞에 실존하고 하나님과 함께 실존한다는 정상성 말입니다. 그런데 사람은 심연으로 빠질 수밖에 없는, 그런 곳으로 그럴 수밖에 없이 넘어가면서 정상성을 잃어버리게 되었습니다. 하나님이 인간에게 자비하시고 그들을 깊이 불쌍히 여기시는 분이라는 것은 인간들이 그런 하나님을 잊어버렸다는 사실을 배제하지 않습니다. 오히려 그 사실을 포함합니다. 인간의 비참이란 그런 것의 결과입니다. 하나님의 자비하심이 만약 동시에 의롭지 않다고 한다면, 긍휼하심이 아닐 것입니다. "하나님은 자비하신 분입니다. 그러나 또한 그분은 의로우신 분입니다"(11문). 이 두 표현을 하나로 묶어서 하나님은 의로우시기 때문에 자비하심이 깊은 분이라고 말할 수 있습니다. 하나님의 정상성이 상처를 입었다고 한다면 사람의 정상성도 끝이 납니다. 하나님과 인간의 관계는 그 정도로 밀접하며 그만큼 친밀한 관계이기 때문입니다. 만약 하나님이 파괴된 인간의 정상성이 방치되는 상태를 원하시지 않는다면, 하나님으로서의 정상성도 회복되지 않으면 안 됩니다. "죄로 말미암아 사망이 들어왔다"(롬 5:12)는 말씀은 진리이며 올바른 진술입니다. "오만한 자들이 주의 목전에 서지 못하리이다. 주는 모든 행악자를 미워하시며"(시 5:5). 질서가 파괴되었다는 어찌할 수 없는 사실, 따라서 죄의 용서란 그 죄책을 못 본 체 할 수 없는 것이라는 이런 사실에 하나님의 영광이 달려 있으며, 동시에 우리 인간의 구원도 달려 있습니다. 파괴는 파괴로서 폭로되어야 합니다. 하나님은 "심히 진노"하십니다. 14, 17, 37문은 영원한 "하나님의 진노의 짐"에 관해 말하고 있습니다. 그리스도 교회와 그리스도교 신학에서 이러한 하나님의 진노라는 개념 때문에 사람들이 당황하기도 하며 이는 믿음에 걸림돌이 되기도 합니다. 그리하여 사람들은 하나님의 진노가 그분께 어울리지 않는 것이기 때문에, 성경은 이 점에서 수정되지 않으면 안 된다고까지 생각하였습니다. 예를 들면 알브레히트 리츨[1]은 이 개념을 교묘히 석의하여 제거

---

1   Albrecht Ritschl(1822-89)은 독일 프로테스탄트 자유주의 신학자로서, 하나

하려는 시도도 서슴지 않았습니다. 그러나 이는 불가능한 꾀에 지나지 않을 뿐만 아니라 복음이 바라는 바와도 반대됩니다. 복음이, 그리고 성경에 따라서 하이델베르크 신앙문답이 하나님의 진노를 말하는 이유는 하나님이 살아 계시며 인간 가까이 계신 분이기 때문입니다. 실로 하나님은 인간이 그 '지고의 위엄'을 거스를 수 있을 만큼 인간과 친밀한 관계를 맺고 계신다는 뜻입니다. 하나님은 인간과 은혜 언약을 맺음으로써, 사람의 존재와 행동으로 하나님의 마음이 움직일 만큼 아주 격할 정도로 인간에게 가까이 다가가시는 분입니다. 인간의 존재와 행동은 하나님의 마음을 감동시킵니다. 이러한 관점에서 보자면 하나님의 진노의 말씀은 위로와 복음, 기쁨의 사신으로 가득합니다. 설령 하나님의 그러한 마음이 압도적인 반작용과 모든 것을 삼켜버리는 불과 같다고 할지라도 말입니다. 인간의 주님이 되시는 하나님은 인간의 적의에 저항하십니다. 죄를 못 본 체하고 용서하는 행위는 하나님께 합당하지 않으며, 그로 인해 인간의 구원이 이루어지지도 않습니다. 그러한 것은 진실로 하나님이 아닌 하나님의 무자비이며 냉담 그 자체입니다.

님과 인간과의 관계에 대해 율법적 해석을 뒤로하고 도덕적 관계를 주장하여, 하나님의 사랑과 부성을 강조하고 하나님의 거룩하심, 진노, 심판, 인간에 대한 형벌 등을 부정했다.

10문은 **하나님의 저주**에 관해 말하고 있습니다. 이 개념은 29문, 39문 그리고 52문에 또다시 등장합니다. 성경 용어로서 이 말의 의미는 급진적이면서도 아주 단순합니다. 어떤 사람이 성경에서 저주받은 사람으로 등장하는 것은 극히 단적으로 그가 더 이상 안쪽에 있지 않고 바깥쪽에 있다는 뜻입니다. 하나님의 언약 백성이었던 사람이 이제는 그 언약에서 제외되어 살아가야 한다는 선고입니다. 저주는 선택받은 자에 대한 거부를 의미합니다. 하나님의 얼굴로부터의 격리를 뜻합니다. 그늘과 밤 그리고 창조의 카오스적 측면으로부터의 추방을 뜻합니다. 그 어떤 기초도 없고 그 어떤 가능성도 전혀 없는 존재로 추방됨을 의미합니다. 실로 빛 가운데 머물도록 정해졌던 피조물이 바로 그러한 곳으로 추방되는 것입니다. 이는 인간을 멸절시키겠다는 의도가 아닙니다. 존재로부터 방출하겠다는 것이 아닙니다. 그것은 부정 가운데로 존재를 추방하는 행위입니다. 하나님께서 빛과 어둠을 나누실 때 이미 자신이 등을 돌리신 그 자리에 머무는 존재로 추방하셨다는 뜻입니다. 구약성경은 이러한 존재를 음부의 그늘에서의 생활로 표현하며, 신약성경은 이를 "지옥의 불안과 고통"(44문)에 있는 인간 존재로 그려냅니다. 이 묘사는 하나님의 대적자가 된 인간의 모습을 정확히 보여줍니다. 죄로 말미암아 비인간적인 존재가 되어 오로지 그 상실된 인간 존재로서만 살아갈 수밖에 없는 인간을 그려냅니다. 이것이 인간의 비참입니다. 3-9문은 이러한 비참의 근저에 대해 말하고 있지만, 10문과 11문에서는 비참 그 자체에 관해 말하고 있습니다. 그 죄책으로 말미암아 불가피하게 된 인간의 상태에 관해 이야기합니다. 인간의 삶의 끝자락부터 드리워진 영원한 몰락의 그림자가 이미 현실 가운데서 일어나고 있습니다. 그 상태야말로 사람으로 하여금 가장 깊은 위로를 요구하게 만듭니다.

우리는 **어디에서** 이러한 하나님의 판결에 관해 알 수 있습니까? 하나님의 심히 격노하심을 보여주는 이러한 계시를 어디에서 알 수 있습니까? 하나님의 저주 아래에 놓인 인간의 이 같은 존재를 우리는 어디에서 알 수 있습니까? 그러나 이러한 사실에 대한 직관이 우리의 삶 가운데서 일어날까요? 우리 개인적인 또는 전반적인 상황 가운데서 그러한 일이 일어날까요? 이러한 통찰은 우리가 선악에 관한 견해를 나눌 때 이미 확인할 수밖에 없었던 것처럼 변화합니다. 저주라든지 지옥의 불안 또는 고통과 같은 관념 등이 우리와 지극히 인연이 먼 것으로 생각한다든지 또는 이러한 관념들을 너무나도 중세적인 것이라 하여 거들떠보지도 않았던 시대가 있었습니다. 그러나 다른 한편으로는 사람들이 이러한 개념의 의미를 충분히 이해하고 하나님의 진노에 관해 뭔가를 체험했던 다른 시대도 있었습니다.─우리는 아마도 그런 "다른 시대" 가운데 살고 있는 것 같습니다.—그러나 이러한 하나님의 진노와 저주에 대한 진정한 인식, 지옥의 불안과 고통에 대한 진실한 인식은 그 존재, 생활 그리고 사유 전체를 근저로부터 변화시킬 정도로 사람에게는 충격적인 것입니다. 그 인식은 사람으로 하여금 그 종래의 상태에서 완전히 새로운 다른 상태로 실제적으로 이동시키는 것과 같은 경이로운 일을 불러일으킵니다. 이러한 사실을 조금도 인정하지 못하면서 하나님의 진노나 우리의 죄책에 관해 뭔가를 알고 있다고 생각한다면 그것은 아주 위험한 인식임에 틀림이 없습니다. 우리가 단순히 보고 느끼는 것과 같은, 또한 야스퍼스[2]가 이른바 "한계 상황"에서 인식하게 된다고 생각하는 인간의 비참한 모습에 대한 우리의 충격과 놀라움이란 여기서 말하는 하나님의 진노나 우리의 죄책과는 전혀 관계가 없습니다. 지금 우리가 중부 유럽에 살면서 그러한 종류의 충격과 놀라움을 알지 못한다고 도저히 말할 수 없을 것입니다. 최근 몇 년 이래로 아주 많은 민족들이 그러한 "한계 상황"으로 내몰렸습니다. 성경 또한 개인과 민족에 대한 그러한 상황을 잘 알고 있습니다. 성경은 기근과 지진

---

2   Karl Jaspers(1883-1969)는 독일 실존주의 철학자로서, 인간은 사랑, 죽음, 고통, 죄 등의 피할 수 없는 이런 한계 상황에서 그것으로 말미암아 자신의 실존 앞에 마주하게 되는, 즉 초월자를 만날 가능성을 가진다고 설명한다.

과 전쟁과 집단 죽음을 하나님의 심판으로 말하고 있습니다. 그러나 성경은 이러한 하나님의 심판이 왔다 가는 것을 전하지만, 그러한 사건이 인간에게 가져다주는 진실하며 궁극적인 충격과 근본적인 변화에 관해서는 아무것도 알려주지 않습니다. 최근 몇 년간 인류를 덮쳤던 고통이 우리의 사유와 전 실존에 어떠한 의미를 지니는지 자문해봅시다. 이전에 사마리아나 예루살렘에서도 일어난 적이 있는 일이 아닙니까? 다시 말해 하나님의 심판이 찾아왔던 일 말입니다. 30년 전에 전혀 불가능하다고 생각했던 일이 일어났습니다. 6백만 명의 유대인이 살해당했습니다. 불이 하늘에서 떨어져 모든 민족이 추방당하고 온갖 공포와 곤궁이 인류를 강타했습니다. 그러나 마치 바람이 풀과 꽃 위를 지나가듯이 왔다가 사라져버렸습니다. 풀과 꽃들은 잠시 그 몸을 휘청거릴 수밖에 없었습니다. 그러나 바람은 잠잠해지고 그 몸은 다시 세워졌습니다. 하물며 폭탄이 떨어졌다고 해서 한 사람이라도 변했을 것 같습니까? 단지 예전보다 사태가 조금 악화되면 되었지 사정은 거의 변하지 않을 것입니다. 사람을 변화시키고 새롭게 하기 위하여 원자 폭탄을 생각하였다면, 그것은 정말 어처구니없는 멍청한 짓입니다.

사실 그 어떤 의심의 여지도 없이 하나님의 심판은 완전히 다른 별도의 관계 속에서 역사합니다. 하나님의 심판이란 실로 충격적인 그러한 기능을 그 자체 안에 지니고 있지 않습니다. 다시 말해 곤궁이 제아무리 크고 심각하다 할지라도, 또한 파국이 제아무리 두렵고 공포스러울지라도, 사건(Geschehnissen)[3] 그 자체가 그렇게 하는 기능을 갖고 있지는 않습니다. 하나님의 심판이 그런 충격적인 기능을 수행하는 것은 폭풍과 번개 가운데서—또한 보다 빠르면서도 조용한 술렁거림 가운데서조차—**하나님의 말씀**이 들려지는 경우에만 가능합니다. 무너지는 집들이나 붕괴되는 벽들은 하나님의 말씀이 아닙니다. **하나님의 말씀은 예수 그리스도**입니다. 그렇지 않다면 하나님의 말씀이 아닙니다. 그것은 단순히 지난날의 많은 말 가운데 하나에 불과합니다. 그러나 그것이 예수 그리스도이기 때문에 비로소 이 하나님의 말씀이 죄 있는 인간들에게 내려지는 판결이자 진실한 진술이 됩니다. 이 말씀은 우리에게 하나님의 진노의 짐을 보여주며,

---

3   본서에서 '사건'으로 번역되는 용어는 Geschehen과 Ereignis다. 사전적 의미로는 미묘한 차이가 있지만 일반적으로 동의어로 사용된다. 전자와 후자 모두 生起로 번역되기도 하는데, 특히 후자는 性起로 번역되기도 함으로써 그 사건의 고유성을 보다 강조하기도 한다. 명사 Geschehen은 사건, 생성된 일 등의 뜻을 지니며, 동사 geschehen은 생성하다, 생기하다, 일어나다, 발생하다 등의 의미를 지닌다. 역사를 뜻하는 Geschichte와 밀접한 관계를 가진다. '예수 그리스도라는 사건'이라고 할 때 그것은 Geschehen이다. 따라서 geschehen에서 geschichte로 향하는 길은 있을 수 있지만, geschichte에서 geschehen으로 향하는 길은 없다.

사람이 스스로는 어떤 구원도 얻을 수 없는 지옥의 불안과 고통에 빠져 있음을 알게 합니다. 하나님의 말씀을 듣는다는 행위가 갖는 이러한 의미를 "한계 상황"이라는 개념으로 표현해버린다면, 실제로 너무 온화한 정황 가운데 놓이는 결과가 됩니다. 인간이 하나님 앞에서 자신이 하나님의 원수이며 반역자임을 고백할 수밖에 없을 때, 비로소 인간은 자신의 가장 진정한 모습을 마주하게 됩니다.

문제는 우리의 인식이 상기와 같은 인식을 담아낼 수 있느냐 하는 것입니다. 우리의 인식은 파멸과 멸망을 우리 앞에 낱낱이 드러냅니까? 그래서 우리는 스스로의 힘으로는 이 파멸과 멸망을 피할 수 없다는 현실을 곧바로 깨닫습니까? 현대의 우리는 파국의 가장자리까지 도망쳐왔습니까? 어떤 현대극은 '우리는 또다시 도망칠 수 있었다'고 말합니다. 그러나 이제 우리는 더 이상 파멸과 멸망의 끝자락으로도 달아날 수 없음을 알고 있습니까? **여기서** '인간은 더 이상 도망칠 곳이 없다'는 깨달음이야말로 우리의 진정한 시금석이 됩니다. 하나님 말씀에 대한 바른 인식은 사람을 구속시켜버립니다. 바울은 "모든 생각이 사로잡힌"(고후 10:5)다고 말합니다. 그러나 하이델베르크 신앙문답이 죄책에 대한 인식과 하나님의 판결에 대한 인식을 말하는 것은 예수 그리스도에 관해 말할 때에만 그렇습니다. 예수 그리스도에게서만 이것이 분명하게 드러나기 때문입니다. 또한 하나님의 진노가 나타나는 것은 예수 그리스도 안에서이기 때문입니다. 그분은 무거운 짐을 짊어지고 인내하신 분입니다. 예수 그리스도는 "달아나지 않았습니다." 우리 그리스도인이 이분 그리스도께 속하여 있다면 우리 역시 달아나지 않을 것입니다. 우리는 그분의 옆을 그냥 지나치지 않을 것입니다. 왜냐하면 그분이 우리 앞에서 버림받은 자로 서 계시기 때문입니다. "그가 스스로 징계를 받으므로 우리는 평화를 누립니다"(사 53:5). 그분이 스스로 징계를 받았기 때문에 우리는 그 징계를 예수 그리스도 안에서 바로 그곳에서 신중하게 받아들이도록 구속되어 있는 것입니다. 하나님의 진노가 마치 소멸하는 불처럼 활활 타오르는 유일한 곳이 있습니다. 그 장소가 바로 골고다입니다. 이곳에서 비로소 인간에 대한 하나님의 판결이 제시되었습니다.

그러나 그것이 예수 그리스도 안에서 제시되었다고 하여, 이 하나님의 판결을 **마지막** 말씀으로 이해해서는 안 됩니다. 실존주의 철학자들의 지혜가 인간의 실존에 관하여 최종적으로 말할 수 있는 것은 감사하게도 결코 궁극적인 진리가 되지 못합니다. 그것은 고대 스토아학파의 지혜와 마찬가지로 일시적인 것이고 결국에는 비현실적인 것입니다. 예수 그리스도 안에서 인간의 비참을 인식한다고 해서 우리가 체념으로 인도되지 않습니다. 오히려 이 인식은 우리에게 인간의 비참을 마지막 직전의 현실로서 제시합니다. 그것은 우리에게 하나님의 진노 아래에 있는 인간의 실존을, 그럼에도 불구하고 파멸되지 않는 인간의 실존으로서 제시합니다. 그것은 아니요(Nein) 가운데 "깊이 숨겨진 복음의 예(Ja)"에 관해 말합니다. 이것이 골고다에서 보여준 하나님의 판결입니다. 우리가 버림받은 자와 멸망받은 자를 정상성이 상실된 자로 본다는 것은 인간의 정상성이 하나님에 의해 재건되고 명예가 회복되었다는 뜻입니다. 이것이 타오르는 하나님의 진노 가운데서의 현실적인 위로이자 마지막 말입니다. 인간의 비참은 이렇게 이해되지 않으면 안 됩니다. 따라서 하이델베르크 신앙문답의 감명 깊은 10문과 11문은 이와 같이 읽지 않으면 안 됩니다. 인간에 대해 하나님의 판결을 제시하시는 분이 예수 그리스도라는 사실, 그것이 바로 위로입니다.

그런데 여기서는 인간의 비참에 대한 객관적인 방향에 관해서만 언급하고 있다는 사실에 주목하지 않을 수가 없습니다. 성령 없이 살아갈 수밖에 없는 인간, 바꾸어 말하면 자신의 삶에 의해서 스스로 하나님을 섬기고 하나님을 찬양하려고 하지 않으며 그런 각오조차 없는 인간의 비참에 관해 더욱 많은 주체적인 사실들을 아마도 이야기할 수 있었을 것입니다. 그러나 하이델베르크 신앙문답은 하나님의 정상성과 인간의 정상성에 관한 문답으로 그 서술을 끝내고 있습니다. 하이델베르크 신앙문답은 그것으로 충분하다고 생각하였고, 또한 실제로 충분합니다. 왜냐하면 인간의 비참에 관해 그리고 그 외에 말할 수 있는 모든 것은 이러한 정상성이 어질러지고 파탄되었다는 사실 가운데 다 포함되어 있기 때문입니다. 따라서 이 인간의 비참이라는 부분은 깊은 위로가 배어 있지만 간결하게 언급할 수도 있습니다. 그럼에도 이 부분은 없어서는 안 되며 충분히 신중하게 받아들이지 않을 수 없는 가르침입니다. 그러나 하이델베르크 신앙문답이 여기서 말하는 바와 같이 훈련과 억제에 의해 설교가 영향을 받는다면 그 또한 선한 것이 됩니다. 인간의 비참함에 대한 이야기는 쉽게 끝없이 이어질 수 있겠지만, 감사하게도 이 인간의 비참함 그 자체는 끝이 없는 것이 아닙니다. 만약 교회라는 것이 끙끙거리며 걸핏하면 훌쩍거리는 존재라는 인상을 세상이 가지고 있다면, 그 원인은 멀리 거슬러 올라가 우리 설교의 잘못된 균형에 있습니다. 인간의 비참이라는 망망대해에는 분명히 하나의 제방이 있습니다. 이 제방이 큰 파도의 담이 되어 그것을 막아줍니다. 이 사실이 설교의 구분 방식에도 명확하게 나타나지 않으면 안 됩니다.

K
B

제6장

하나님의 의

제12-18문

하나님이 유일하신 독생자 예수 그리스도 안에서 자신의 정상성과 인간의 정상성을 동시에 보증하고, 또한 그리스도 안에서 자신의 영광과 인간의 구원을 동시에 확보하심으로 말미암아, 인간에 의해서 어질러진 질서가 회복되고 인간을 위협하는 위험이 사라졌습니다. 이러한 일이 예수 그리스도 안에서 일어났다는 사실이 인간의 소망이며 모든 위로의 근거입니다.

제12문. 우리가 하나님의 의로운 심판으로 말미암아 현세적이고 영원한 형벌을 받아 마땅하다고 한다면, 이 형벌을 면하고 다시 은혜를 입기 위해서는 어떻게 하여야 합니까?

답. 하나님은 그분 자신의 의가 만족되기를 원하십니다. 그러므로 우리는 우리 스스로를 통해서든 다른 이를 통해서든 그것에 대해 완전히 보상을 하지 않으면 안 됩니다.

하이델베르크 신앙문답 제2부는 "인간의 구원에 관해" 논합니다. 전체를 구분함에 있어 한 단락 한 단락이 어느 정도로 할당되어 있는지 통계적으로 주목할 가치가 있습니다. 9개의 문답이 인간의 비참에 관해, 74개의 문답이 인간의 구원에 관해, 26개의 문답이 인간의 감사에 관해 논하고 있습니다.

12-18문은 일종의 기초 쌓기 내용이며, 19-23문은 믿음에

관한 서론적인 내용을, 24-25문은 믿음의 대상의 총체로서의 하나님에 관한 간략한 논의를, 26-58문은 사도신조에 대한 강해를 내용으로 담고 있으며, 59-64문은 믿음에 관한 궁극적인 사항에 관한 내용을 기술하고, 65-85문은 성례전에 관한 상세한 서술을 담고 있습니다.

아우구스트 랑의 『하이델베르크 신앙문답』[1]에서 우리는 다음과 같은 내용을 읽게 됩니다. 12문에서 18문에 이르는 단락은 분명 이 신앙문답 전체 중 가장 취약한 부분에 속합니다. 왜냐하면 이 단락의 모든 문답 양식이 "구성적으로 완전히 신학화" 되어, 그리스도와 신앙인 공동체 사이의 밀접한 관계가 전혀 보이지 않기 때문이라는 식으로 서술하고 있기 때문입니다. 이것은 객관적으로 보더라도 의심의 여지 없이 잘못된 판단입니다. 하이델베르크 신앙문답이 인간의 구원에 관한 인식적 기초를 쌓는 데 선천적 연역법에 의해 구성되어 있다는, 다시 말해 일반직인 제(諸) 전제에 근거하여 예수 그리스도의 현실을 요구한다는 연역법으로 구성되어 있다는 주장은 단지 외견적인 분석에 지나

---

1   August Lang(1867-1945)은 경건주의자이자 부흥운동가로서, 할레에서 설교 자가 되었으며 1900년 이후로는 할레 대학에서 강사를 겸임하였다. 여기서 바르트가 언급한 신앙문답은 『하이델베르크 신앙문답과 네 가지 유사 신앙문답』 (*Der Heidelberger Katechismus und vier verwandte Katechismen*[Deichert, Leipzig 1907], 89)을 지칭한다.

지 않습니다. 예를 들어 만약 구원이 있다고 한다면 "그 구원은 어떤 구원이 되어야 하는가? 우리 구주는 어떤 성격이어야만 하는가?"라는 물음에, 결국 예수 그리스도와 그 사역이 구체적으로 그것에 대한 해답이 되도록 문답이 주어져 있다고 주장하는 것입니다. 그러나 하이델베르크 신앙문답은 이 점에서 오히려 단적으로 안셀무스와 히브리서의 방식을 따라갑니다. "그러므로 그가 범사에 형제들과 같이 되지 **않으면 안 되었고**"(히 2:17), "이러한 대제사장이 우리에게 **합당하신 분**이라"(히 7:26). 12문에서 18문에 이르는 문답의 글들이 선험적 추론처럼 보일지도 **모른다는 것은**, 이 문답들에 인용된 **성경 전거**(典據)에 따르면 오히려 신구약 말씀에 의해 증언된 그리스도라는 사실에 대한 **분석**입니다. 이러한 성경 전거들은 다음과 같은 말씀으로 인증됩니다. **12문**에 대해서는 하나님이 자기 아들을 율법이 요구하는 의 (dikaioma)[2]를 이루시기 위하여 보내셨다고 증언하는 로마서 8:3 이하가, **13문**에 대해서는 "우리 죄를 사하여 주시옵고"라는 마태복음 6:12이 인용되었습니다. **14문**에 대해서는 히브리서 2:14 이하가 인용됨으로써 우리 형제인 예수 그리스도의 사역은 "죽

---

2   롬 8:4(개역개정)에서는 디카이오마(δικαίωμα)가 율법의 "요구" 또는 의의 열매, 의로우신 일 등으로 번역되기도 한다. 사전적으로는 규정, 법령, 의로운 행동을 뜻하는 어휘다.

음의 세력을 잡은 자 곧 마귀를 자신의 죽음을 통하여 멸하시며 죽기를 두려워하여 한평생 매여 종노릇하는 모든 자들을 놓아 주려 하심이라"고 설명합니다. **15문**에 대해서는 "사망이 한 사람으로 말미암았으니 죽은 자의 부활도 한 사람으로 말미암는도다"라는 고린도전서 15:21이 인용됩니다. 또한 예레미야 23:6, 33:16의 "여호와는 우리의 공의"가 이스라엘 또는 예루살렘의 이름으로 인용됩니다. 이사야 7:14의 "임마누엘"이 인용됩니다. "죄를 알지도 못하신 이"를 증언하는 고린도후서 5:21과 "오직 불멸의 생명의 능력을 따라 되신" 제사장을 증언하는 히브리서 7:16이 인용됩니다. **16문**에 대해서는 "그리스도께서 의인으로서 불의한 자를 대신하여 단번에 죄를 위하여 죽으셨다"라는 베드로전서 3:18이 인용되었습니다. **17문**에 대해서는 "하나님이 자기 아들의 피로 사신 교회"라고 증언하는 사도행전 20:28, 그리고 "(말씀) 그 안에 생명이 있었으니"라고 증언하는 요한복음 1:4이 인용됩니다. 여기서 이사야 53장은 15, 16, 17문에 이르는 세 문답에 대한 이른바 기초 화음으로 연주됩니다. 그리고 이 점에서야말로 이 하이델베르크 신앙문답은 제 문답의 배치와 표현을 통해 인간 구원의 기초가 그리스도라는 사실이 우연한 일이 아니며 자의적인 것도 아니라는 사실을 드러내고, 바로 이점에서 하이델베르크 신앙문답은 그 문답들의 구성과 표현을 통해,

인간 구원의 근거가 되는 그리스도의 사건이 우연적이거나 자의적 사실이 아니라, 하나님의 섭리적 지혜가 드러나는 필연적이며 의미를 지닌 논리적(로고스) 사건임을 명백하게 보여줍니다.

제18문. 그러면 참 하나님이요 동시에 참 의로운 사람이신 중보자가 누구입니까?
답. 그분은 완전한 구원과 의를 위하여 우리에게 내어준바 된 주 예수 그리스도입니다.

"구원**과** 의"라는 말은 "의에 **의한** 구원"이라는 방식으로 이해하지 않으면 안 됩니다. 물론 여기서 문제가 되는 것은 두 개의 행위가 아닙니다. 하나님 자신의 정상성과 인간의 정상성이 하나님에 의해 유지되고 회복됨으로써, 우리 주 예수 그리스도 안에서 우리에게 주어진 구원이라는 단 하나의 행위가 되기 때문입니다. 하나님은 당연히 주님으로서 받들어 모셔야 하는 분이며, 사람은 그분의 주권 아래서 생활하는 것이 합당합니다. 하나님의 정상성과 인간의 정상성은 죄로 말미암아 위협받고 있습니다. 구원의 주님이 되신 하나님의 행위는 이 양자를 회복시킵니다. 하나님은 자신의 정상성과 영광을 방어하시지만, 인간의 파괴된 정상성을 배려하시는 방식으로 그렇게 하십니다. 예수 그리스도는 하나님 앞에서 인간의 책임을 떠맡았습니다. 그분은 죄에 대해 보상하셨습니다(12, 13, 16문). 그분은 하나님의 진노를 감당(14, 17문)하심으로써 정상이 아닌 인간의 상태를 제거하여주셨습니다. 그분은 하나님과 사람을 다시 그 정상성으로 옮겨놓았습니다. 이것이 바로 그리스도라는 사건입니다. 이 사건 (Geschehen)은 우리의 구원이며, 따라서 그것에 의해 의가 "만족되는"(12문), 하나님의 자비하신 사역(11문)입니다. 이러한 관점에서 13-17문까지의 내용을 이해해야 합니다.

제13문. 그러면 우리가 우리 자신의 힘으로 그 값을 보상할 수 있습니까?

답. 전혀 그럴 수 없습니다. 우리는 날마다 죄를 더 지을 뿐입니다.

인간은 하나님의 의를 결코 만족시킬 수 없습니다. 인간은 그 하나님과 인간의 정상성의 회복을 이룰 수 없습니다. 왜냐하면 인간은 인간 그 자신을 파괴하는 끊임없는 새로운 원인이자 끊임없이 반복되는 원인이 되기 때문입니다.

제14문. 그러면 다른 어떤 피조물이 우리를 위하여 값을 보상할 수 있습니까?

답. 아니요. 그리할 수 없습니다. 왜냐하면 첫째로 하나님은 사람이 지은 죄를 다른 피조물에 벌하려고 하시지 않기 때문입니다. 둘째로 어떠한 피조물도 죄에 대한 하나님의 영원한 진노의 짐을 감당할 수 없으며, 또한 다른 피조물을 그곳으로부터 구원할 수 없습니다.

인간이 악한 일을 저지르는 범죄자이기 때문에, 다른 피조물은 "값을 보상할 수" 없습니다. 인간이 문제가 되므로 인간이 자신의 행위에 대한 책임을 지지 않으면 안 되는 것입니다. 둘째로 어떠한 피조물이라도 하나님과 인간의 정상성의 이러한 회복을 이루어내기는 불가능합니다.

제15문. 우리는 어떠한 중보자와 구원의 주를 찾아야 합니까?
답. 참으로 의로운 사람이면서 동시에 모든 피조물보다 뛰어난 능력이 있으신 분, 다시 말해 참 하나님인 분을 찾아야 합니다.

구원이 의에 의한 구원으로 가능하다는 것은 오로지 참 **사람**, 즉 하나님 앞에서 인간의 책임에 관해 의로운 사람, 새로운 사람을 제시할 수 있는 사람(16문), **그리고** 객관적이며 만인을 위한 의미 있는 중요성을 가지고 회복을 이룰 수 있는 **하나님**(17문)과 같은 주체에 의해서만 그렇게 될 수 있다는 뜻입니다.

제16문. 왜 그분은 참으로 의로운 사람이지 않으면 안 됩니까?
답. 하나님의 의는 죄를 지은 인간 자신이 그 죗값을 보상하도록 요구합니다. 그러나 자신이 죄인인 사람이 다른 사람을 위하여 죗값을 보상할 수 없습니다.

제17문. 왜 그분은 동시에 참 하나님이지 않으면 안 됩니까?
답. 그것은 그분이 그 신성의 능력으로 하나님의 진노의 짐을 그 인성에 짊어지시고, 우리를 위하여 의와 생명을 얻어 그것을 회복하시기 위함입니다.

18문은 다름 아닌 예수 그리스도야말로 이를 행하실 수 있는 분이심을 말하고 있습니다. 예수 그리스도는 의로 말미암은 우리의 온전하신 구원이 되시며, 하나님의 작정의 지혜를 밝히 드러냄으로써 우리 구원의 필연적이며 의미 깊은 로고스적 근거가 됩니다. 이렇게 함으로써 이 구원에 대한 인식은 명료하고 확실한 인식이 되고, 그 안에서 존재론적으로 그리고 또한 인식적으로도 일어날 수밖에 없는 일이 일어납니다. 예수 그리스도의 실존이 선험적으로 추정되거나 가정되기는 불가능합니다. 이는 사후적으로 이해될 수 있는 것이고, 또한 사후적으로 이해되지 않으면 안 되는 것입니다. 공동체는 예수 그리스도 안에서 "유일한 위로"를 인식하고 찬양할 경우에 자기가 행하는 것이 무엇인지를 알게 됩니다. 예수 그리스도는 직접적인(in person) 하나님의 의이며 자비입니다.

　　예수 그리스도는 의에 의한 구원을 위해 우리에게 보낸 바 되신 분입니다. **그분 안에서** 구원은 완전 그 자체입니다. 그러나 **우리에 대한** 이 구원의 현실은 아직 일어나지 않은 약속의 **성취**라는 사건이며, 하나님의 심판은 아직 일어나지 않는 궁극적 계시라는 사건입니다(52문). "우리는 그의 약속대로 의가 있는 곳인 새 하늘과 새 땅을 바라봅니다"(벧후 3:13). 그리고 그분이 의로써 이루신 우리의 구원으로 말미암아 "우리는 그와 같은 모습이 될 것입니다"(요일 3:2). 이제 우리는 "그리스도와 함께 영광 중에 나타날"(골 3:4) 새로운 하늘과 땅을 기다립니다. 그러나 그때까지 우리는 오로지 "위의 것을" 즉 "그리스도와 함께 하나님 안에 감추어져 있는"(골 3:2, 3) 우리의 생명을 간구할 수 있을 뿐입니다. 여기에 계신 그분 안에서만 의에 의한 우리의 구원이 있습니다. 우리는 **구원받았지만**, 그것은 **소망에 의한 것입니다**(롬 8:24). 이 두 가지가 강조되지 않으면 안 됩니다. 그러나 오늘날 우리는 16세기보다 더욱 강하게 다음 사실을 강조하지 않으면 안 됩니다. 회복된 올바른 질서 안으로 **우리가** 들어간다는 구원의 실현은 우리 희망의 사안이며, 동시에 예수 그리스도 자신의 계시 안에서 일어나는 재림의 사안입니다.

Die christliche Lehre
nach dem Heidelberger
Katechismus

제7장
하나님의 의의 계시

제19-23문

예수 그리스도가 하나님의 살아 있는 말씀으로서, 자기 자신에게 구원의 기쁨의 사신이 되어 있는 사람들, 그리고 예수 그리스도에 대한 믿음 안에서, 즉 예수 그리스도 안에서 선포된 약속을 감사로 인식하고, 이 약속의 진리성을 신뢰하여 예수 그리스도의 몸이 되고 그 백성이 되어, 그리하여 세상의 빛이 된 사람들, 그러한 사람들의 실존이 예수 그리스도 안에서 하나님의 의로운 행위의 최초의 열매인 것입니다.

하이델베르크 신앙문답의 중앙 부분을 이루는 사도신조 강해는 믿음을 다루는 단락인 19문 이하와 59문 이하에 의해 괄호로 묶여 있습니다. 믿음에 관한 문제를 다루는 단락에서는 다음과 같은 내용을 먼저 다룹니다. 즉 하나님의 심판이라는 궁극적인 계시에 앞서, 따라서 예수 그리스도의 재림에 앞서, 우리가 현실이라는 삶 속에서 그리고 예수 그리스도 안에서 단번에 일어난 의에 의한 구원이 어떻게 우리 안에서 생생한 구원으로 인식되는가라는 문제에 대한 문답을 제공하고 있습니다. 의에 의한 구원이란 단순히 현상이 발생했다는 것이 아니라 그것이 일어남으로써 구원이 아주 현저하게 드러나고 효력 있는 것이 되었다는 말입니다. 하나님의 사역은 동시에 하나님의 말씀입니다. 하나님은 역사하시는 동시에 말씀하시기 때문입니다. 그런데 하나님의 말씀은 열매를 맺는 창조적인 말씀입니다. 그 최초의 열매는 증인을 찾으시는 것입니다. 증인의 무리를 찾으시는 것입니다. 신약성경은 여기서 첫 열매(아파르케[aparche]) 또는 보증(아라본[arrabon])이라는 개념을 사용합니다. 이는 증인의 무리의 실존이 보다 크게 될 것임을 약속하는 단초입니다. 자신의 실존을 오로지 하나님의 말씀 안에서만 파악할 수 있는 무리에게서야말로 비로소, 의에 의한 구원은 잠정적이며 상대적이기는 하지만 큰 효력을 가지고 사건이 되며, 또한 그러한 사건을 통해 동시에 인식되는 것입니다.

제19문. 당신을 그것을 어떻게 압니까?
답. 거룩한 복음을 통해서 압니다. 하나님 자신께서 처음에 낙원에서 그것을 계시하시고, 그 후에 거룩한 선조들과 선지자들을 통하여 전파하셨고, 율법에 의한 희생과 그 외의 의식을 통하여 미리 보여주셨고, 마지막에는 자신의 사랑하는 독생자를 통하여 성취하셨습니다.

의에 의한 구원은 이미 창조 안에서, 창조에 의해 하나님과 인간 사이에 맺은 언약 가운데 그 근거를 갖습니다. 따라서 구원이란 우연한 일이 아닙니다. 구원은 이스라엘 민족의 역사 가운데서 시작하여 그곳에서 형태가 만들어졌습니다. 일련의 언약들 가운데서 오로지 하나의 언약이 역사적인 형태를 지니게 됩니다. 그 언약은 단 한 사람 예수 그리스도라는 실존 가운데서 완성되어 "그 사랑하는 아들에 의해 성취"되었습니다. 따라서 구원에는 하나의 역사가 있습니다. 그리고 그것은 본질적으로 말하자면, 그 마지막에서의 모습과 동일하게 처음부터 "거룩한 복음"이었으며 모든 사람에 대한 신적인 약속이었습니다. "나는 세상의 빛이라"(요 8:12). 이렇게 하여—최초의 증인들의 매개를 통해—우리 역시 구원에 관해 알게 되었습니다.

제20문. 모든 인간이 아담에 의해 타락한 것처럼, 그리스도를 통해 모든 인간이 그리스도를 통해 구원을 얻습니까?
답. 아닙니다. 참 믿음을 통해 이분과 접붙임을 받아 그 모든 은혜를 받는 사람만이 구원을 얻습니다.

이미 구원이 일어났다는 사실을 아직도 모든 사람이 깨닫지는 못하고 있습니다. 빛은 여전히 단적으로 자명하게 모든 곳에서 빛나고 있는 것이 아닙니다. 또한 그 빛을 본 사람 모두가 그것을 이해한다고 말하지도 못합니다. 계시는 선택과 선발의 문제이며, 소환과 결단의 문제입니다. 새로운 인류의 머리로서 예수 그리스도의 특수성은 이스라엘에 접붙임을 받는(롬 12:17, 19), 이 세상에서 아주 작은 백성의 특수성에 상응합니다. 그렇게 함으로써 전 인류에 대한 새로운 시작이 현실이 됩니다. "그가 그 피조물 중에 우리로 한 첫 열매가 되게 하시려고 자기의 뜻을 따라 진리의 말씀으로 우리를 낳으셨느니라"(약 1:18). 하나님 백성의 실존은 그 자체 안에서의 자기 목적도 아니며, 최후의 목표도 아닙니다. 오히려 "당신은 우리의 왕, 모든 것을 지배하시는 분으로서 모든 선한 것을 우리에게 주시고자 하시며, 또한 그렇게 할 수 있기 때문에, 그것으로 말미암아 우리가 아니라 당신의 거룩한 이름이 영원히 찬양받기 위함입니다"(128문). "너희는 세상의 빛이라"(마 5:14)는 말씀은 이 하나님 백성이 특수한 존재로서 갖는 의미입니다.

제21문. 참 믿음이란 무엇입니까?
답. 참 믿음은 하나님이 말씀 안에서 우리에게 계시하신 모든 것을 우리가 진실하다고 확신하는 그 확실한 인식만이 아니라 복음을 통해 성령이 우리 안에 창조하여주시는 마음으로부터의 신뢰입니다. 그것으로 말미암아 다른 사람들뿐만 아니라 나에게도 죄의 용서와 영원한 의와 구원이 하나님으로부터 주어집니다. 그것은 온전히 은혜이며, 오로지 그리스도의 공로에 의한 것입니다.

여기에는 하나님 백성의 존재와 행위가 기술되어 있습니다. 이 백성은 3문에서 11문까지 자신들의 비참이 기술되어 있던 인류의 한 부분입니다. 그들은 오로지 믿음에 의해서만 다른 인류와 구별되어 있을 뿐입니다(6문). 그러나 신앙인이란 하나님의 진리를 예수 그리스도 안에서 인식하며 그 약속을 붙잡고 신뢰하는 사람들입니다. 믿음이란 단지 하나의 인식이 아니라 동시에 "마음으로부터의 신뢰"입니다. 왜냐하면 여기서 문제가 되는 것은 일정한 이론에 관계 없이 의에 의한 구원이 **나에게** 주어져 있고 **나에 대해서도** 나의 죄가 용서되었다는 그 확실함에 관계하기 때문입니다. 하나님의 은사를 하나의 실존적인 은사로 인식하는 것은 신앙의 결정적인 행위입니다. 이러한 신앙의 행위가 인간 가운데서 사건이 될 때 비로소 의에 의한 구원을 세상에 증언할 수 있는 하나님의 백성이 결집됩니다. 왜냐하면 이 백성은 계시되고 믿을 수밖에 없는 하나님의 말씀에 의해 더 이상 비교할 수 없는 진실한 의미에서 "그 자리에" 있기 때문입니다.

제22문. 그렇다면 그리스도인이 믿어야 할 것은 무엇입니까?
답. 복음 안에서 우리에게 약속된 모든 것을 믿어야 합니다. 우리의 공교회적이며 확고한 그리스도교 신앙 조항이 그것을 요약하여 가르쳐줍니다.

제23문. 그것은 어떠한 것입니까?

답. 나는 하나님 아버지, 전능하신 천지의 창조주를 믿습니다.

나는 예수 그리스도, 그의 유일하신 아들 우리 주님을 믿습니다.

그분은 성령으로 말미암아 잉태되시어,

동정녀 마리아에게서 나셨습니다.

본디오 빌라도 치하에서 고난을 받으시고, 십자가에 못 박혀 죽으시고,

그리고 묻히셨으며, 음부로 내려가셨습니다.

셋째 날에 죽은 자들 가운데서 부활하셨으며 하늘에 오르시어,

전능하신 하나님 아버지 우편에 앉으셨습니다.

거기로부터 산 자들과 죽은 자들을 심판하러 오십니다.

나는 성령을 믿사오며,

거룩한 공교회와 성도의 교제와, 죄의 용서와, 몸의 부활,

영원한 생명을 믿습니다.

아멘

여기서 말하는 것은 **교리**입니다. 그분의 위탁 때문에 존재하는 **하나님의 백성**은 "어떤 종류의 인식"을 필요로 합니다. 여기서 문제가 되고 있는 것은 하나님의 말씀이며, 로고스이고, 인간 언어에 의한 하나님 말씀의 선포이기 때문에, 모든 발언의 기초로

서 인식이 필요합니다. 이 신앙조항 즉 "우리의 공교회적이며 확고한 신앙조항"에는 인식의 기준이 포함되어 있습니다. 다시 말해 이 백성이 어디에 있든지 이 백성에게 공통적인 것 없이는 그어떤 사람도 이 백성의 일원이 될 수 없고, 그것 없이는 이 백성이 그 위탁을 감당할 수 없는 인식의 기준이 포함되어 있다는 뜻입니다. 그러므로 그리스도인이 믿어야 할 필요가 있는 사항들이 포함되어 있다는 말입니다.

19-23문에 관한 선행의 서술은 다음 세 가지 점에서 하이델베르크 신앙문답의 문자상의 의미를 의도적으로 넘어서고 있습니다.

1. 우리가 6장에서 분명하게 밝힌 것처럼 의에 의한 구원의 종말론적인 성격에 대응하여 계시와 신앙의 **잠정적**인 성격을 강조하였습니다. "우리가 소망으로 구원을 얻었으며"(롬 8:24). "우리가 지금은 거울로 보는 것 같이 희미하며"(고전 13:12). 또한 우리는 하나님의 백성을 생기된(geschehenen) 구원의 **첫** 열매(아파르케)로 이해합니다.

2. 우리는 여기서 자기 자신의 구원에 관한 결단으로서 개인의 믿음에 관해 말할 뿐만 아니라 하나님의 **백성**이 공동으로 갖추

어야 하는 믿음에 관해서도 말했습니다. 그러니까 우리는 믿음을 단지 개인적인 것이 아니라 교회론적으로 이해한 것입니다.

3. 우리는 20문에서 다소 이기적이고 편협하며 "답답한" 분위기를 느낄지도 모릅니다. 하지만 이와는 대조적으로, 우리는 그리스도인의 믿음을 **세상**을 향한 그들의 과제를 위한 준비로 이해해야 합니다. 그리스도인은 복음의 담지자로서 세상의 빛으로 파송된 복음의 사명자입니다. 그러나 이런 분위기와는 반대로 우리는 자칫하면 20문에 의해 아주 쉽게 이기적이고 편협한 "곰팡이" 냄새에 시달릴 수도 있을 것입니다.

K B

Die christliche Lehre
nach dem Heidelberger
Katechismus

제8장

유일하신 참 하나님

제24-25문

하나님은 그 말씀 안에서 자신을 계시하신 그대로의 하나님이십니다. 즉 성부 성자 성령이시며, 완전히 그러하신 분이며, 오로지 그러하신 분입니다. 하나님은 하나님에 의해 구원받은 사람이—그러나 먼저 구원받은 것이 아니라 이미 지음 받은 사람이, 그리고 단지 구원받았을 뿐만이 아니라 동시에 성화된 사람이 소망하는 것을 허락하시는 영원한 나라의 주님이십니다.

제24문. 이 신앙 조항은 어떻게 나눌 수 있습니까?

답. 세 부분으로 나눌 수 있습니다. 첫째는 성부 하나님과 우리의 창조에 관해, 둘째는 성자 하나님과 우리 구원에 관해, 셋째는 성령 하나님과 우리의 성화에 관해 나눕니다.

제25문. 유일한 신적 존재가 있을 뿐인데 어떻게 당신은 성부 성자 성령이라는 세 이름을 말합니까?

답. 이와 같이 세 분으로 구별되는 위격이 유일하고 참되며 영원하신 하나님이라는 방식으로, 하나님이 그 말씀 안에서 자기 자신을 계시하셨기 때문입니다.

스콜라 신학도 17-18세기 신학도, 동일한 의미에서 근대 신학도 신론에 관해 복잡한 길을 걸어왔습니다. 그것은 1) 최고, 무한, 전능, 인자 등의 속성을 지닌 하나의 존재를 만들어, 2) 이러한 존재가 구약과 신약성경의 하나님과 동일함을 증명하려고 시도했으며(출 3:14), 3) 그러한 존재가 실존임을 증명하려고 시도했고, 마지막으로 4) 이 존재가 삼위일체의 존재라는 것을 증명하려고 했습니다. 하이델베르크 신앙문답 역시 그분이 "유일한 신적 존재"라는 점을 알고 있습니다. 그러나 하이델베르크 신앙문답은 즉시로 그것을 "말씀에서 자신을 계시하는"(25, 94, 95, 107문) 분으로 명시합니다. 다시 말해 예수 그리스도 안에서, 의에 의해 생기된 구원의 계시 안에서, 자신을 제시하시고 가르치시는 분으로 명시한 것입니다. 따라서 하이델베르크 신앙문답은 하나님의 행위에 고착하여 이 행위로부터 주체를 추정합니다. 이렇게 행하시며 이 행위로 자신의 실존을 드러내시는 분이 바로 하나님입니다. 이분이 삼위일체 하나님이시며, 사도신조가 신앙의 세 가지 항목으로 고백하는 하나님이십니다. 곧 창조의 사역에서 성부 하나님, 구원의 사역에서 성자 하나님, 성화의 사역에서 성령 하나님이 됩니다.

예수 그리스도 안에서 구원받은 인간은 그러한 사람으로서, 영원한 참 자유의 나라의 도래를 대망합니다. 그 나라의 주님이 바로 다름 아닌 자신의 **구주**이자 예수 그리스도이며 **성자** 하나님인 그런 나라의 도래를 대망합니다. **이러한 분이** 하나님입니다.

예수 그리스도 안에서 구원받은 사람은 그가 대망하는 나라 가운데 자신의 존재 근거와 더불어 일반적으로 모든 존재의 근거를 바라봅니다. 따라서 이 나라의 주님 안에서 자신의 **창조주 성부** 하나님을 바라봅니다. **이러한 분이** 하나님입니다.

예수 그리스도 안에서 구원받은 사람은 자신이 이러한 나라에 의해 이미 둘러싸여 있음을 보게 됩니다. 따라서 이 나라의 주님 안에서 자신을 **성화시키시는** 분을 바라보며 **성령 하나님**을 바라봅니다. **이러한 분이** 하나님입니다.

구속주 하나님, 창조주 하나님, 성령 하나님, "이와 같이 셋으로 구분되는 위격"(25문)이—단순히 그렇게 일컬어질 뿐만 아니라 실제로 그러하신 분—"유일하고 진실하며 영원하신 하나님"입니다. 마치 이 유일한 나라가 이러한 세 형태를 가지면서 그러한 것으로 영원히 존재하는 것처럼 말입니다. "모든 시간보다 앞서 존재하신 것처럼, 당신은 항상 계십니다." 왜냐하면 내가 그 말씀을 "진실하다고 확신하는" 하나님은 그 말씀 안에서 자신을 그렇게 계시하시기 때문입니다. 그리고 하나님은 스스로 계시하시는 분이며 완전히 그러한 분이고 오로지 그러하신 분입니다.

하나님은 스스로 계시하신 **그대로의** 분입니다. 다시 말해 하나님의 모든 속성은 하나님 나라의 주님 즉 오로지 한 분 삼위일체 성부 성자 성령에 대한 술어(Prädikate)라는 뜻입니다. 따라서 영원한 하나님은 스스로 계시하시는 삼위일체의 하나님이라는 사실 외에는, 우리가 하나님의 본질을 드러낼 수 있거나 하나의 의미를 가질 수 있는 개념은 존재하지 않습니다. 하나님은 주어(Subjekt)이며 모든 술어는 이 주어에 의해 규정됩니다. 우리는 기성 개념으로는 하나님을 표현할 수 없습니다. 그 말씀 안에서 우리를 만나시는 그분 자신이 모든 개념을 비추고 빛나게 하는 빛입니다.

하나님이 **완전히** 그러한 분이라는 것은 하나님의 본질 가운데 삼위일체의 하나님으로서의 존재보다도 더욱 깊은 다른 어떤 은폐가 있다는 뜻이 아니며 오히려 그 어떤 심연도 존재하지 않음을 의미합니다. 하나님 안에는 진리가 아닌 그 어떤 진리도 존재하지 않습니다. 이는 하나님이 예수 그리스도 안에서 우리에게 드러내신 최고의 깊은 본질입니다. 성부 하나님은 예수 그리스도의 아버지입니다. 그리고 성령 하나님은 예수 그리스도의 영입니다. 그러므로 그 말씀과 사역에 있어 자기 계시에 의해 이미 주어진 답이 아닌 것과 같은 하나님의 실존에 대한 물음은 있을 수가 없습니다. 또한 처음과 마지막에서 예수 그리스도를 의미하지 않는 그러한 신앙고백은 있을 수 없습니다.

하나님이 **오로지** 그러한 분이라는 의미는 하나님에 대해 이러한 삼위일체 하나님이 아닌 다른 어떤 개념이나 관념도—설령 그것이 아무리 아름답고 의미 깊은 것이라 할지라도—하나의 우상이며 하나의 거짓된 하나님 상을 만드는 것에 지나지 않는다는 뜻입니다. 이러한 관점에서 29, 30, 80, 94, 95, 102, 125문에서 볼 수 있듯이, 이 신앙문답의 유일신론에 대한 열심은 이해가 됩니다. 그런 곳에서는 하나님의 단일성에 대한 사변적인 관심이 중요하지 않습니다. 오히려 하이델베르크 신앙문답의 편찬자들에게는 예수 그리스도의 사역에서 현저하게 나타난 삼일 하나님의 유일성이 중요하게 여겨졌습니다.

제9장

하나님과 세상과 인간

제26-28문

존재하는 모든 것은 오로지 한 분 참 하나님에 의해 창조되고 보존되며 지배됩니다. 따라서 세상은 의로운 사역의 무대나 도구가 되며 그 살아 있는 말씀의 거울 또는 반향이 되기 때문에, 하나님이 예수 그리스도 안에서 그 언약의 상대가 되어 주신 인간은 그가 그것을 보든 말든, 여하튼 자기 스스로 이미 지금 이곳에서 타향에 있는 것이 아니라 그 영원한 아버지 집에 있다는 생각을 가질 수 있습니다.

26문에서 28문에 이르는 세 문답에는 **창조론**이 포함되어 있습니다. 여기서 창조론을 다시 한번 강조하는 이유는 이것이 그리스도교 교리의 근간이 되며 우리가 의롭게 되는 구원과 긴밀하게 연결되어 있기 때문입니다. 창조론은 적어도 한 번은 단독으로 반드시 들어야만 하고 이해하고 있어야만 하는 선험적인 최초의 이야기와 같은 그런 것이 아닙니다. 예수 그리스도 안에서 우리 구원에 대한 인식과 직접적으로 관계하는 것입니다. 창조론은 동시에 우리 구원의 주가 되시는 유일하신 참 하나님을 가리킵니다. 그러나 우리 구원은 우주 한복판에서 생물로서의 인간으로서 우리의 실존을 전제하고 있습니다. 하나님의 말씀이 우리에게 말씀하시는 모든 것은 우주 안에서 그러한 존재로서의 우리에게 적용됩니다. 다시 말해 그러한 존재로서의 우리는 "비참 가운데"(3-9문) 있습니다. 또한 "모든 역경"(28문)에 에워싸여 항상 모순과 자가 당착에 빠지는 "그러한 슬픔의 골짜기에"(26문) 있습니다. 그리고 그러한 생물이기 때문에 그들은 구원을 필요로 하며, 더 나아가 그들이 그러한 존재로서 하나님의 사랑의 대상이라는 사실 또한 타당합니다.

하나님의 창조, 보존, 통치하심의 교리는 이런 의미를 담고 있습니다. 우리의 구원이 예수 그리스도 안에서 의로 말미암아 이루어지므로, 우리가 사는 이 **세상**은 비록 완전히 신적인 존재는 아니지만, **하나님께 속하여** 그분의 뜻대로 인도되고 있습니다. 그러므로 예수 그리스도 안에서 구원받은 우리에게 이 세상은 해롭지 않을 뿐 아니라 오히려 유익합니다. 인간은―그가 그것을 보든 말든 관계없이―자신이 이미 지금 이곳에서 타향살이하는 것이 아니라 영원한 아버지의 집에 있다는 생각을 갖게 됩니다.

그러나 이러한 인식, 즉 신앙 조항[1]의 제1항에 대한 인식이 살아 있다는 것은 예수 그리스도에 관한 인식 즉 신앙 조항의 제2항에 대한 인식에 의한 것이며, 더욱이 성령에 관한 인식 즉 신앙 조항의 제3항에 대한 인식에 의한 것입니다. 하나님은 예수

---

1   사도신조를 말함.

그리스도 안에서 의로 말미암아 우리의 구원을 이루시고, 예수 그리스도를 통해 하나님 자신의 정상성과 우리의 정상성을 회복시키시는 분입니다. 이와 같이 그리스도 안에서, 하나님은 **만물의 근원**이자 절대적 권능을 지니신 창조주로서 자신의 역사하심을 드러내십니다. 모든 존재의 근저, 모든 사물의 창조주는 예수 그리스도 안에서 우리와 만나실 만큼 거룩하시고 자비하심이 깊으신 분이며, 예수 그리스도 안에서 자신의 의를 성취하시는 분입니다. 우리 존재와 세상의 모든 존재가 하나님의 피조물로서 이렇게 실존하고 있습니다. 우리가 예수 그리스도에게 이르고 하나님의 말씀에 이르는 것은 다른 어떤 곳으로부터가 아닙니다. 다시 말해 어두운 어떤 존재의 영역이나 역사의 영역으로부터도 아니며, 그것은 항상 그리고 무엇보다도 먼저 이 사실로부터입니다. 이렇게 하여 하나님은 구원의 주님으로서 자기 땅에 오셨습니다(요 1:11). 그리고 그분에게 속한 그 백성이 하나님을 받아들이지 않지만 그들은 그분의 백성입니다. 우리가 하나님을 믿고 하나님께 순종할 때 우리는 어떤 특별한 일을 행하는 것이 아닙니다. 왜냐하면 하나님이 자신의 손을 우리 위에 얹어 놓으실 때 근본적으로 본래의 자명한 것(Natürlich)이 우리에게서 일어나기 때문입니다. 하나님의 은혜의 바깥쪽에는 오로지 비존재가 있을 뿐입니다. 오로지 하나님의 은혜 가운데 존재함으로써 우리는 철저하게 구원받았습니다. 예수 그리스도 안에서 우리의 구원은 우리의 진실하고 **완전한 구원**을 의미합니다.

26-28문은 하이델베르크 신앙문답의 신학적 정점 중 하나입니다. 따라서 보다 엄밀한 탐구가 필요합니다.

제26문. "나는 하나님 아버지, 전능하신 천지의 창조주를 믿습니다"라고 말할 때 당신은 무엇을 믿습니까?
답. 하늘과 땅 그리고 그 가운데 있는 모든 것을 무에서 창조하시고, 더욱이 그러한 것을 그 영원한 뜻과 섭리에 의해 보존하시는 우리 주 예수 그리스도의 영원하신 아버지께서 아들 그리스도로 말미암아, 나의 하나님이 되시고 나의 아버지가 되신다는 것을 믿습니다. 이 하나님을 나는 신뢰하고 몸과 영혼에 필요한 모든 것을 나에게 공급하여 주심을 의심하지 않으며, 이 슬픔의 골짜기에서 만나는 모든 재앙까지도 나에게 유익이 되게 하여주신다는 사실을 의심하지 않습니다. 왜냐하면 하나님은 전능하신 하나님으로서 그렇게 하실 수 있으시며, 또한 진실하신 아버지로서 그렇게 하기를 원하시기 때문입니다.

"당신은 무엇을 **믿습니까?**" 이것은 당신이 무엇을 아는지 또는 무엇을 느끼는지를 묻는 질문이 아닙니다. 여기서 언급되는 문답은 결코 우주적 직관이나 우주적 감정을 묻는 슐라이어마허[2]의 질문이 아닙니다. 그 질문은 "하나님의 말씀은 당신에게 무엇을 말합니까? 당신이 이 말씀을 완전히 철저하게 꼭 붙잡고 있을 때 당신은 무엇을 신뢰하는 것입니까?"라고 묻는 것입니다. 신앙 조항의 제1항을 이해할 때 중요한 것은 '앞마당 신학'(Vorhofs-Theologie)이나 기독교적 세계관이 아닙니다. 중요한 것은 오직 하나님의 말씀과, 나는 믿는다로 응답하는 신앙고백적 인식입니다.

"우리 주 예수 그리스도의 영원하신 아버지께서 아들 그리스도로 말미암아 나의 하나님이 되시고 나의 아버지가 되신다는 것을 믿습니다." **이것을** 하나님의 말씀이 나에게 말합니다. 또한 나는 우주 가운데서의 나의 존재에 관해서도, 우주 그 자체의 존재에 관해서도, 오로지 **이 사실에만** 의지합니다. "하나님은 인간을 창조하시고 지배하신다"라는 이 문장의 주어 안에 모든 진리가 놓여 있습니다. 우리 예수 그리스도의 영원한 아버지야말로 그러한 분이며 제1인자이자 최고자이며 모든 것에 대해, 따라서 나의 존재에 대해 주님이 되십니다. 이 하나님은 하늘과 땅 그리고 그 가운데 있는 모든 것을 무에서 창조하시고 보존하시고 지

---

2   Friedrich Ernst Daniel Schleiermacher(1768-1834)는 독일 프로테스탄트 목사이자 신학자로서 근대신학의 아버지 또는 자유주의 신학의 아버지라고 부른다.

배하시는 분이며, 그러한 것의 존재와 현상에 대해 책임을 지시는 분입니다. 이는 예수 그리스도의 의미, 근저, 근원이 동시에 **모든** 존재의 의미, 근저, 근원**이라는** 것을 의미하기 때문입니다. 그분이 그러한 분이므로, 그분은 동시에 그러한 분으로서 자신을 계시하십니다. 이러한 순서는 존재적으로도 인식적으로도 역순이 될 수 없습니다. 다시 말해 하나님과 서로 다른 모든 존재에 앞서 하나님은 영원한 아들의 아버지입니다. 이 영원한 아들이 시간 안에서 육신을 입고 오신 것입니다. 아버지로서의 하나님과 아들로서의 하나님에 근거하여, 그리고 인간의 구원을 위한 결단에 근거하여, 그리고 하나님이 사람을 위하여 독생자를 주셨다는 사실에 근거하여, 그러므로 하나님의 영원한 뜻에 근거하여, 이 세상은 창조되었습니다. 이것이 존재의 질서입니다. 그리고 이러한 존재의 질서에 대응하여 성자 예수 그리스도의 인식도, 그리고 존재의 인식에 앞서 이 성자에 의해 영원한 아버지의 인식도 가능하게 되는 것입니다. "만물이 그로 말미암아 지은 바 되었으니"(요 1:3)라는 말씀은 존재적으로도 인식적으로도 지당합니다.

"우리 주 예수 그리스도의 영원하신 아버지께서 아들 그리스도로 말미암아 나의 하나님이 되시고 나의 아버지가 되신다"라는 문장의 술어는 모든 존재를 창조하고 지배하시는 하나님께서 영원한 아버지로서 "**아들 그리스도로 말미암아**" 동시에 "**나의 하나님이 되시고 나의 아버지가 되신다**"라는 깊은 위로의 보증을 그 내용으로 담고 있습니다. 어떻게 우리가 "나의"라는 소유대명사를 입에 담을 수 있다는 말입니까? 정말 놀라운 일입니다. 이것이 가능합니까? 그럴 수 있도록 허락된 것입니까? 우리에게 그것이 허락되고 가능한 것은 하나님께서 예수 그리스도를 우리에게 완전한 구원과 의를 위해서 주셨기(18문) 때문입니다. 하나님은 그분 자신을 성자의 아버지로서 나에게 주셨습니다. 하나님은 나를 성자의 형제로서, 따라서 자신의 자녀로서 바라보십니다(33, 120문). 그 결과 성자 예수 그리스도 안에서 하나님을 인식함으로써 나도 나에게 관계하는 모든 존재의 의미, 근저, 근원을 신뢰할 수 있게 되었습니다. 나는 살아갈 용기를 가지게 되었습니다. 내가 이 세상에서 사는 것은 타향에 사는 것이 아닙니다. 또한 나의 적이 아니라 나의 편이 되신 나의 아버지 집에 거하는 것입니다. 이 세상을 지배하고 보존하시는 하나님은 나를 위협하시지 않습니다. 오히려 하나님은 올바른 것이라면 영육으로 필요한 모든 것을 나에게 허락하십니다. 하나님과 구별되어 있다는 그 자체만으로도 이미 위험한 존재인 피조물의 모든 재앙, 위급, 위협, 연약함, 불완전함을 하나님은 제거하여주십니다. 이와 함께 하나님은 인간이 죄인이기 때문에 모든 존재의 근저와 충돌한다는 사실에 기인하는 무한한 큰 위험까지 제거해 주십니다. 하나님은 인간 마음의 우둔함과 악의 결과인 재앙까지 지배하십니다. 하나님으로부터 유래하는 것은 아니지만 비존재라는 위험 존재를 가진 악까지도 지배하시는 것입니다. 하나님은 '아니요'를 '예'로 바꾸시는 분입니다. "하나님을 사랑하는 자들은…모든 일이 서로 협력하여 선을 이룬다"라는 말씀이 있습니다. 이 말씀은 하나님의 자녀에게는 그 무엇도 위험이 될 수 없으며, 우리가 오히려 모든 것이 목표를 향하여 나아가는 아버지의 집이라는 이 세상에서 살아가도록 인도받고 있다는 뜻입니다. 하나님은 그분이 원하시는 바를 행하십니다. 하나님은 그것을 그 전능하신 능력으로 행하십니다. 하나님의 전능하심은 "그의 아들 예수 그리스도를 위하여" 우리에게 최선을 베푸시니, 이것이 바로 우리를 향한 아버지의 진실하심입니다.

제27문. 당신은 하나님의 섭리에 관해 무엇을 이해합니까?
답. 그것은 전능하시고 현재하시는 하나님의 능력입니다. 그것에 의해 하나님은 하늘과 땅과 모든 피조물을 이른바 그분의 손으로 지금도 보존하시고 지배하시고 계시기 때문에, 나뭇잎과 풀, 비와 가뭄, 먹을 것과 마실 것, 건강과 병, 부귀와 빈곤도 모든 것이 우연이 아니라 부성적 손길로 우리에게 부여됩니다.

26문은 이처럼 하나님께서 스스로 베풀고자 하시는 강력한 배려와 인도하심을 하나님의 **섭리**(Vorsehung, providentia Dei)라고 말합니다. Providentia(섭리)는 단순히 "사전에 보는 것"(Voraus-sehen)을 의미하지 않습니다. 오래된 번역에 의하면 "두루 살피다, 감독하다"(Ver-sehen)라는 뜻입니다. Dominus providebit[3]는 모든 피조물을 초월하여, 또한 그 가운데 있는 하나님의 '전능하시고 현재하시는 능력'(Dynamis, virtus)을 의미합니다. 이 능력은 조용하면서도 활기차게, 비록 사람에게 알려지지 않을지라도 언제나 하나님의 지혜로운 결단을 따라 작용합니다. 다시 말해 그러한 것의 차이와 모순, 밝은 면과 어두운 면에도 불구하고, 하나님의 능력은 **동일**합니다. 이 점에서 모든 자의적인 낙관주의와 비관주의는 창조에 대해 잘못된 비판을 가하고 있습니다. 왜냐하면 그들은 다음과 같은 비판이 가능하다고 믿기 때문입니다. 하나님의 능력은 자신의 영광의 현현을 바라보면서 자신의 최종 목적지를 향한 선상에서 장차 다가올 나라를 섬기도록 설정되어 있을 뿐이라는 비판 말입니다. 그러나 우리가 그 사실을 알든 모르든 관계없이 모든 것은 하나님을 섬기도록 창조되었고 정해졌으며, 이에 따라 적응되도록 설계되어 있기 때문에 아주 선한 것입

---

3   창 22:8 불가타역. "하나님이 자기를 위하여 친히 준비하시리라"(개역개정).

니다. 구원의 주님이자 동시에 창조주가 되시는 하나님, 예수 그리스도의 아버지는 그 어떤 실수도 범하시지 않습니다. 하나님의 능력은 "하나님 아버지의 손길"이며, 그것으로 "성부께서 모든 것을 지배하시는 그리스도 교회의 머리"(50문)가 되십니다. 이 하나님의 "손길"이라는 것은 결코 단순한 하나의 형상이 아닙니다. 사람들이 일반적으로 말하는 "의인관"(擬人觀)도 아닙니다. 하나님에게 우리의 표상을 부여하는 그런 것이 아닙니다. 오히려 그 안에 이러한 모든 표상의 근원적이며 본래적인 실재가 존재하며, 우리가 알고 있는 모든 것은 그 "형상"에 지나지 않는다는 뜻입니다. 더욱이 하나님이 세상을 그 "왼"손으로 지배하신다고는 말하지 않습니다. 오히려 성경이 하나님의 손길을 언급할 경우에는 항상 오른손을 의미합니다. 하나님은 오른손으로 **모든 것을**(50문) 지배하십니다. 따라서 하나님의 지배를 받는 존재는 하나님의 의로운 사역의 무대나 도구가 되며, 하나님의 살아 있는 말씀의 거울이나 메아리가 되며, 또한 천국의 비유가 **되는** 것입니다. 이것은 피조물의 신비와 같은 문제가 아닙니다. 괴테가 말하듯이 지나가는 모든 것은 비유라는 의미의 표현도 아닙니다. 그런 것이 아니라 피조물의 모든 것이 그 어둡고 악한 측면에서조차도 하나님의 이러한 사역으로 초청받았음을 의미합니다. 그러한 것으로 섬길 수 있고 그렇게 될 수 있고 또한 그러한 것이 가능하다는 것 자체가 **피조물**의 "가치"입니다. 또한 그러한 것으로 될 수 있다는 것이 실제 사건으로 일어난다는 뜻입니다. 하나님의 창조가 실제로 하나님의 사역과 하나님의 살아 있는 말씀의 무대가 되고 도구가 되고 또한 거울이 되며 메아리가 됩니다. 이것이 바로 **창조주** 하나님의 선하심입니다. "하늘이 하나님의 영광을 선포하고 궁창이 그의 손으로 하신 일을 나타내는도다."[4] 이제 우주가 비유로 등장합니다. 이제 하나님이 말씀하시고, 하나님은 역사하십니다. 우리 피조물 모두가 하나님을 찬양할 수 있다면, 그것은 하나님의 자유로운 은혜입니다. 이런 일이 일어나기 위해서는 하나님의 "아버지로서의 손길"의 역사가 필요합니다. 이는 "하나님의 흔적"을 피조물이라는 존재 가운데 바라고 원하시는 것이며, 우상을 세우려는 자연신학과는 어떤 관계도 없습니다. 그러나 "지으신 그 모든 것을 보시니 보시기에 심히 좋았더라"[5]라는 창조주의 말씀이 죄에 의해 결코 부정되는 일은 **없습니다**. 죄는 그 정도로 큰 힘을 가지고 있지 않습니다. 때에 따라 피조물이 하나님의 자유로운 은혜에 의해 비유가 될 수 있는 가능성은 남아 있습니다. 하나님의 섭리란 하나님의 자유

---

4   시 19:1.
5   창 1:31.

로운 은혜 외에 아무것도 아닙니다. 그리고 그리스도 안에서 나타나는 하나님의 자유로운 은혜가 바로 섭리입니다.

제28문. 하나님의 창조와 섭리를 앎으로써 우리는 어떤 유익을 얻게 됩니까?

답. 우리가 모든 역경에서도 강한 인내로 감내하며, 순탄할 때는 풍성히 감사하며, 장래에 관해서는 우리의 신실하신 아버지 하나님을 견실하게 믿으며, 어떠한 피조물도 하나님의 사랑으로부터 우리를 떼어놓지 못한다고 확신할 수 있게 됩니다. 왜냐하면 모든 피조물은 이분의 손안에 있기 때문에 그분의 뜻 없이는 움직일 수도 움직이게 될 수도 없습니다.

26문과 27문이 말하는 객관적인 사태에 대해 이번에는 우리의 문제로서 "유익"이라는 것에 관해 말할 수 있습니다. 첫째, **인내**가 주어졌습니다. 그 인내란 "그 어떤 역경에서도" 참고 하나님이 자유로운 은혜를 분명히 부어주시리라고 기대할 수 있다는 것이며, 하나님께서 선하신 때에 꼭 역사하실 것이라는 사실을 굳건히 붙잡게 하고, 하나님 나라에 대한 비유가 드러나지 않더라도 결코 실망하지 않는 마음을 말하는 것입니다. 그것은 더욱이 하나님의 자유로운 은혜가 드러나고 눈에 보이는 때에도 인간의 구원을 기뻐할 뿐만이 아니라, 우주 가운데서 인간의 존재와 우주 그 자체의 존재를 기뻐하고, 오늘날에도(1947년에도!) 이러한 기쁨에 합당한 생활과 행동을 하려고 하는 **감사**입니다. 그리고 마지막으로는 모든 모순을 꿰뚫는 하나님 자신께 의지하고, 피조물의 어떠한 모습도 우리를 하나님으로부터 떼어 놓을 수가 없기 때문에, 하나님을—그 손길을—모든 것에서 찬양하는 **확신**입니다.

이와 같은 세 가지 개념에서 문제는 **믿음**에 관한 것이므로, 따라서 아직 볼 수는 없습니다. 구원은 예수 그리스도 안에서 의에 의해 발생되지만 우리에게는 더욱 미래적인 것입니다. 이와 같이 "섭리의 총괄"은 하나님의 세계 지배 가운데 있지만, 그것은 언젠가 우리에게 마침내 확연히 드러날 수밖에 없습니다. "**이런 이유로** 나의 영은 하나님의 섭리의 총괄을 찬양과 감사함으로 노래합니다." 여기서 우리는 믿음 안에서 인내와 감사와 확신을 가지고 말씀에 머물러 있지 않으면 안 됩니다. 말씀도 내 안에 머물게 하기 위해서 말입니다.

Die christliche Lehre
nach dem Heidelberger
Katechismus

제10장

예수님과 그 형제들

제29-34문

창조하신 이 세상에 대한 유일하신 참 하나님의 주권에 대응하는 것은, 그리스도의 부르심을 받아 해방되어 그분에 대한 의무를 짊어지고 그분을 믿는 백성들에 대한 유일하신 예수 그리스도의 주인되심(Herrschaft)입니다. 그분 안에서 확립된 하나님과 인간의 정상성이 그러한 사람들을 보호하고 결합함으로써 그분이 그들의 주님임을 나타내십니다.

우리는 이제 "성자 되신 하나님에 관하여"라는 부제목을 가진 사도신조에 관련된 일련의 문답에 이르게 되었습니다. 사도신조의 제1항에 관해 세 개의 문답이 주어졌고, 24개의 문답이 제2항에 주어졌고, 7개의 문답이 제3항에 주어졌습니다. 이러한 균형에 우리가 주목할 수밖에 없는 것은 그것이 그만큼 아주 유익하기 때문입니다.

　　29문에서 34문에 이르는 문답은 "나는 예수 그리스도, 그의 유일하신 아들, 우리 주님을 믿습니다"라는 사도신조 제2항의 첫 문장에 대한 설명입니다. 29문에서 30문은 **예수**라는 이름에 관한 설명을, 31문에서 32문은 **그리스도**라는 칭호에 관한 설명을, 33문은 **하나님의 아들**로서 예수 그리스도의 신비에 대한 설명을, 마지막 34문은 **주님**으로서의 그분의 직분에 관한 내용을 담고 있습니다. 하이델베르크 신앙문답은 다른 경우에도 그러하지만 여기서도 하나님은 누구신가라는 것에 관한 언표를 하나님께서 우리에게 무엇을 하셨는가라는 것에 관한 언표와 연결하려고 노력합니다. 그러므로 이 장의 표제는 "예수님과 그 형제들"이라 하지 않으면 안 될 것입니다.

우리는 여기서 26-28문에 대한 하나의 대비적 서술과 만나게 됩니다. 다시 말해 좁은 의미에서 하나님의 주권을, 또한 예수 그리스도에게 속한 백성에 대한 그의 지배라는 보다 구체적이며 명확한 형태의 하나님의 주권을 만난다는 것입니다. 여기서는 하나님의 주권이 단 한 분에게서 유래하는, 단 한 분만이 지배하는 공동체를 제정하는 요소로서 등장합니다(29-30문). 그리스도인이란 모든 측면에서 예수 그리스도께 빚진 사람이며, 따라서 자각적인 감사로 그분의 지체로 접붙임 받은 사람들입니다(32문). 그에 의해 부름 받은 사람은 첫 열매로서(aparche) 그분에 의해 그리고 그분에 의해서만 구원받고 보호받으며, 그분에 대해 그리고 그분에 대해서만 의무가 있고 그분에게 접붙임을 받은 자입니다. 이렇게 하여 그리스도론에 대한 문답의 첫 부분에서 이미 인간의 구원에 관한 교리와 필연적으로 인간의 감사에 관한 교리가 서로 연결되어 있음이 명확하게 드러났습니다. 사실 인간의 감사에 관한 교리는 구원에 관한 교리 가운데 이미 포함되어 있습니다. 사람들에게 제시된 하나님의 인자하심과 그들에게 이미 청구된 요구의 능력은 하나님의 뜻이 가지는 의미와 목표가 되는 공동체 안에서 명료하게 빛나고 있으며, 이미 그리스도의 이름과 칭호와 신비와 직분 가운데 포함되어 있습니다. 왜냐하면 사건(Ereignis)이 되지 않으면 안 되었던 것이, 그분 안에서 사건(Ereignis)이 되었던 모든 것은 하나님의 정상성과 인간의 정상성이 회복되었기 때문이라는 사실을 보여주는 것에 불과하기 때문입니다(문답 12-18, 35-44, 45-49).

제31문. 왜 그분을 그리스도 즉 기름 부음을 받은 자라 부릅니까?
답. 왜냐하면 그분은 성부 하나님으로부터 임직되었고, 성령으로 기름 부음을 받아 최고의 선지자와 교사로서 우리의 구원에 관한 하나님의 은밀한 결의와 뜻을 빠짐이 없이 우리에게 계시하시며, 유일한 대제사장으로서 자신의 몸을 유일한 희생으로 드려 우리를 구원하시고, 성부 앞에서 우리를 위하여 끊임없이 중보하시며, 영원한 왕으로서 자신의 말씀과 영으로 우리를 다스리시고, 이미 성취하신 구원 안에서 우리를 보호하시고 보존하시기 때문입니다.

여기서 그리스도께서 이스라엘에서 나온 유대인의 왕이며 구약의 성취자라는 인식의 전개가 일어납니다. 그분은 옛 언약에서 예형되었던 '**신위적 직분**'(Charisatischen Amtes)의 담당자입니다.

그분은 자신의 피를 흘려 희생제물이 되신 **제사장**이며, 성령으로 다스리시는 **왕**이고(1문), 복음을 통해 하나님의 뜻을 드러내시는 **선지자**입니다(19-23문). 하나님 아버지의 영원하신 말씀이신 그분은 유대 민족 중에서 택함을 받고 부르심을 받으셨으며, 이 삼중직을 통해 그의 사역을 완성하신 한 유대인입니다. 이렇게 하여 그분은 의에 의한 구원의 주님이 됩니다. 이 방식 외에는 우리의 구원이 주어지지 않았습니다. 구약과 신약, 유대인과 그리스도인은 떼려야 뗄 수 없는 방식으로 일체를 이루고 있습니다.

제34문. 왜 당신은 그분을 우리 주님이라 부릅니까?
답. 그분이 금이나 은이 아닌 자신의 보혈로 우리를 죄와 악마의 모든 권세로부터 구원하시고 우리의 몸과 영혼을 구속하심으로써 자신의 소유로 삼아주셨기 때문입니다.

그분은 우리를 구원하시는 주님이시며 우리의 온전한 소유자가 되십니다. 그러므로 우리가 그리스도께 마땅히 드려야 할 위엄은 그분이 우리에게 베푸신 측량할 수 없는 인자하심에서 비롯됩니다.

제33문. 우리도 하나님의 자녀인데, 왜 그분을 하나님의 독생자로 부르는 것입니까?

답. 그리스도만이 하나님의 영원한 본래의 아들이며, 우리는 그분으로 말미암아 은혜에 의해 하나님의 자녀가 되었기 때문입니다.

한 사람이 그 안에 선지자이며 제사장이자 왕이고, 따라서 우리의 주님이 되신다는 이러한 능력을 예수 그리스도는 어디에서 얻는 것입니까? 그분은 단순히 우리와 동일한 인간이 아닙니다. 또한 그분은 하나님과 인간의 중간적 존재도 아닙니다. 아니, 그분은 하나님의 독생자이며 "참으로 영원한 하나님"(35문)이십니다. 그리스도 그분만이 하나님의 **본래의** 아들이시며, 하나님은 그리스도의 이러한 하나님의 아들 되심의 본질을 통해 우리를 하나님의 아들로 삼아주셨습니다. 스스로 하나님과 동등됨을 취할 것으로 여기지 아니하신 그분은(빌 2장) 우리도 그분처럼 하나님의 자녀가 되도록 하기 위해 사람이 되셨습니다. 그분은 본래 하나님의 아들이시며 우리는 은혜로 말미암은 하나님의 자녀입니다. 우리는 그분을 통해 하나님과의 절대적이고 온전한 교제 안에 놓이게 되었습니다.

29문과 30문은 이 사실로부터 이해하지 않으면 안 됩니다.

제29문. 왜 하나님의 아들을 예수, 다시 말해 축복을 주시는 분으로 부릅니까?

답. 이분이 우리를 우리의 죄에서 구원하시고 축복하여주셨기 때문이며, 따라서 우리는 그 어느 누구에게도 구원을 바라거나 찾을 수도 없습니다.

제30문. 그렇다면 성인이나 자기 자신 또는 다른 곳에서 자신의 축복과 구원을 찾으려고 하는 사람도 유일하신 구주 예수님을 믿는다고 할 수 있습니까?

답. 아니요. 설령 그들이 이분을 자랑한다 할지라도, 행위로는 유일하신 구주 예수님을 부정하는 것입니다. 왜냐하면 그들은 예수님이 완전한 구주가 아니라고 하든지, 아니면 진실한 믿음으로 이 구주를 받아들이고 자신의 구원에 필요한 모든 것을 이분에게서 찾든지 둘 중 하나이기 때문입니다.

위의 두 문답은 **그분만**이 본래 영원한 아들이며, **그분만**이 구원("축복을 주다")하실 수 있고(12-18문), 우리는 자기 자신의 것이 아니라 **그분의 것이며**(34문), 그러므로 의에 의한 우리의 구원은 **오로지 그분으로부터만** 기대할 수 있다는 배타적인 표현을 담고 있습니다.

따라서 그분이, 아니 그분만이 우리의 구주이기 때문에—"완전한 구주"이거나 전혀 구주가 아니거나—그분 외의 누군가를 승인한다는 것은 그분 이외의 법정을 기대한다는 것이며, 따라서 "설령 예수님을 자랑한다 할지라도" 예수 그리스도를 거부하는 것입니다. 가톨릭 교리에 의하면 그리스도는 마치 수행원과 같은 수많은 성인에게 둘러싸여 있습니다. 이런 가르침은 구주가 유일하신 분이기 때문에 우리가 단호하게 거절해야 하는 "저주스러운 우상숭배"입니다. 더욱이 근대 프로테스탄트가 구원을 "자기 자신이나 다른 곳에서" 찾고 있다는 사실도 간과해서는 안 됩니다. 근대 프로테스탄티즘에서 일반화되어 버린 개인숭배 또는 일정한 이데올로기나 신학의 절대화는 가톨릭의 성인 숭배와 동일하게 구주의 유일하신 사실을 손상시킵니다. 모든 신학은 인간을 떠나서 예수를 가리키는 데 유익해야 합니다. 그리고 그렇게 될 때만 예수님의 교회는 참된 생명력을 지닌 공동체가 됩니다 예수님의 형제자매들에게 그분은 **유일하신 분**입니다. 그렇지 않다면 그들은 그분의 형제자매가 아닙니다.

제32문. 그러면 당신은 왜 그리스도인이라 불립니까?
답. 왜냐하면 내가 믿음으로 그리스도의 지체가 되었고 그 기름 부으심에 참여한 자가 되었기 때문입니다. 그것은 내가 그분의 이름을 고백하고, 감사의 산 제물로서 자신을 이분에게 드리며, 이 세상에서 자유로운 양심으로 죄와 악마를 대적하여 싸우다가 마침내 이분과 함께 모든 피조물을 영원히 지배하기 위함입니다.

32문은 하이델베르크 신앙문답 가운데 가장 흥미로운 문답 중 하나입니다. 예수 그리스도가 완전한 구주시며 우리가 그분을 그러한 구주로 인식하고 믿을 수 있다는 것은 우리의 삶이 그분에 의해 **형성되었**으며 그렇게 형성된 각 지체는 그 머리에 순종한다는 뜻입니다. 그리스도인이란 그리스도와 함께 살아가고, 그리스도의 기름 부으심에 참여한 자입니다. 그리스도인의 삶은 필연적으로 예수 그리스도의 삶에 상응할 수밖에 없습니다. 다시 말해 자기 마음대로 살아가기는 불가능하며, 그리스도인의 삶은 오히려 확연하게 정리되어갈 것입니다. 그리스도인은 그리스도의 이름을 **고백하고**, "우리 자신을 그분에게 감사의 산 제물로 **드리며**"(43문), 종국에는 이 인생에서 "자유로운 양심으로" 죄와 악마를 대적하여 영원히 예수님과 함께 지배할 것입니다. 신앙을 고백하고 감사의 산 제물을 드리고 자유로운 양심으로 대적하여 승리하는 것은 예수 공동체의 "사역"입니다. 루터파의 교의학은 여기서 "신비적 일치"(unio mystica)에 관해 항상 이야기합니다. 그러나 여기서 언급해야만 하는 사실은 "신비적 일치"가 아니라 "능동적 일치"(unio activa)입니다. 특히 "자유로운 양심"이라는 글귀에 주목하시길 바랍니다. 이 점에 관해 만약 이 하이델베르크 신앙문답을 고백하는 자들이 조금이라도 바르게 들었다면, 훗날 "계몽주의 시대"나 프랑스 혁명 또는 그 외 몇몇 혁명들 자체가 불필요한 것이 되었을지도 모릅니다! 여기서는 행위에 의한 의라는 것이 문제가 아닙니다. 오로지 그리스도인의 실존을 그 주님으로부터 이해한다는 것이 문제의 핵심입니다. 나중에 "인간의 감사에 관하여"라는 부분에서 소상하게 다루어질 사항이 여기서 이미 윤곽을 드러내고 있습니다.

K
B

Die christliche Lehre
nach dem Heidelberger
Katechismus

제11장
예수 그리스도 안에서의
하나님의 정상성

제35-44문

하나님의 정상성은 하나님께서 예수 그리스도 안에서 행하시는 자유로운 은혜의 영광 가운데 존재합니다. 왜냐하면 하나님은 예수 그리스도 안에서 자신을 드림으로써 그 정상성을 관철하셨기 때문입니다. 이는 하나님께서 이 유일하신 분 안에서 죄의 저주와 형벌과 파멸을 몸소 담당하시고, 이전에 죄로 전도되었던 인간을 죽이시고 장사하셨으며, 하나님의 기쁨이 되어 모든 피조물의 목표가 되는 새로운 순종적인 사람을 보여주셨음을 의미합니다.

35-44문 그리고 45-49문은 예수 그리스도의 사역에 관한 내용입니다. 다시 말해 그것은 의에 의한 구원과(18문) 화해에 관해, katallage 즉 하나님이 인간의 근원에까지 내려오시고 인간이 하나님의 근원으로까지 올라가는 교환에 관해 문답하고 있습니다. 35-44문은 우리 존재와 현존재의 가장 깊고 깊은 곳으로 하나님께서 내려오셨다는, 이른바 하나님의 아들의 비하(卑下, status exinanitionis)에 대해 말하고 있습니다. 여기서 전개되는 것은 성금요일의 복음이며 십자가의 신학(theologia crucis)입니다.

제35문. 그분이 성령으로 잉태하시고 동정녀 마리아에게서 나셨다는 말은 무슨 뜻입니까?

답. 그것은 참되고 영원하신 하나님이시며 어디까지나 그러하신 하나님으로 계시는 하나님의 영원한 아들이 성령의 역사하심으로 인해 동정녀 마리아의 살과 피로부터 진정한 인성을 취하셨고, 스스로 다윗의 참된 후손이 되어 다른 모든 것에서 그의 형제들과 같이 되셨지만 죄는 없으시다는 뜻입니다.

제36문. 당신은 그리스도의 거룩하신 수태와 강림으로부터 어떤 유익을 얻습니까?

답. 그분이 우리의 중보자가 되심, 즉 그분의 무죄하심과 완전한 거룩하심으로 내가 그 안에서 잉태되었던 나의 죄를 하나님 앞에서 감추어 주시는 유익을 얻습니다.

제37문. "고난을 받으시고"라는 말을 통해 당신은 무엇을 이해합니까?

답. 그분의 지상 생활 내내 특히 그 마지막 시기에 모든 인류의 죄에 대한 하나님의 진노를 몸과 영혼으로 짊어지셨음을 이해합니다. 이는 그분이 유일한 속죄 제물로서 그 고난을 받으심으로써 우리의 몸과 영혼을 영원한 멸망으로부터 구원하여주시고 우리를 위해 하나님의 은혜와 의와 영원한 생명을 획득하기 위함이었다는 뜻입니다.

제38문. 왜 그분은 재판관 "본디오 빌라도 치하"에서 고난을 받으셨습니까?

답. 죄가 없으신 이분이 이 세상 재판관에 의해 형벌을 받으심으로써 우리가 받아 마땅한 하나님의 처절한 심판으로부터 우리를 해방시키기 위함이었습니다.

제39문. 그분이 "십자가에 달리셨다"는 것은 다른 죽음으로 죽으셨을 경우보다 더 특별한 의미가 있습니까?

답. 있습니다. 그로 인해 나는 그분이 내가 당할 저주를 그가 대신 받으셨음을 확신합니다. 왜냐하면 십자가의 죽음은 하나님에게 저주받은 것이기 때문입니다.

제40문. 그리스도는 왜 죽지 않으면 안 되었습니까?

답. 하나님의 공의와 진리에 대해, 하나님의 아들의 죽음 외에 우리의 죄에 대한 보상을 치를 방도가 없었기 때문입니다.

제41문. 그분은 왜 장사되셨습니까?

답. 그분이 참으로 죽으셨다는 것을 입증하기 위함이었습니다.

제42문. 그리스도가 우리를 위해 죽으셨는데, 왜 우리가 또 죽어야 합니까?

답. 우리의 죽음은 우리 죄에 대한 보상이 아닙니다. 그것은 오히려 죄와 사별하는 것으로서 영원한 생명으로의 입구가 됩니다.

의에 의한 구원이라는 덕은 구원이 하나의 **심판**에 의해 일어나며, 이 심판에서 하나님의 정상성이 모든 인간의 정상성의 전제로서 회복되었다는 뜻입니다. 하나님의 고발은 이어지고 심판은 집행되며 하나님의 진노가 폭발하여 불타올라 죄인을 불사릅니다(37문). anathema 즉 "저주"(39문)가 일어납니다. "말할 수 없는 고뇌", "지옥의 불안과 고통"(44문)을 감당하지 않으면 안 됩니다. 부채는 부채자가 죽음으로 지불하지 않으면 안 됩니다. "하나님은 업신여김을 받지 아니하시나니 사람이 무엇으로 심든지 그대로 거두리라."[1]

이러한 하나님의 정상성이 심판에 의해 재건될 때 실로 이러한 심판에 의해 하나님이란 과연 누구신지가 드러납니다. 하나님께서 그 심판을 집행하시고 자신을 주님으로 주장하실 때는 인간의 패배와 하나님의 승리를 뜻하는 것이 아닙니다. 오히려 그것은 하나님이 인간 편이 되어주신다는 의미입니다. 하나님의

---

1   갈 6:7.

정상성은 그 정상성을 파괴하는 자를 멸망으로 이끌어가기보다는 오히려 구원하시는 하나님의 자유하심 가운데서 드러납니다. 따라서 그것은 그 자유로운 은혜의 영광 가운데 있습니다. 하나님은 죄인의 죽음을 원하시지 않습니다. 죄인이 회개하고 살아가기를 원하십니다. 하나님께서 전적으로 엄격하시며 동시에 전적으로 자비로우신 분이라는 사실이 하나님의 깊음 곧 하나님의 의의 깊음입니다.

죄란 무엇인지가 여기서 분명하게 드러납니다. 죄인의 죄는 하나님의 정상성, 다시 말해 하나님의 긍휼하심의 정상성을 파괴하는 행위를 말합니다. 하나님은 심판을 행하시고, 그럼에도 그 은혜 안에서 인간의 반역에 대응하심으로써 죄가 하나님의 얼굴 앞에서 **감추어집니다**(36문). 하나님은 죄 보기를 원하시지 않습니다. 죄로부터 등을 돌리시고, 죄를 그것이 나온 그곳으로 즉 실로 생생한 "무" 가운데로 쫓아내십니다. 그렇게 하심으로써 인간은 영원한 멸망으로부터 몸과 영혼이 **구원받아**(37문) 하나님의 철저한 심판으로부터 **해방됩니다**(38문). 그 결과 죄 또한 "죄와 사별하려는 사람들에게 영원한 생명으로의 입구"로 봉사할 뿐입니다(42문).

하나님의 의가 긍휼하심이라는 사실이 가능하고 현실이라고 한다면, 이는 우리의 문제를 그분 자신의 사건으로 만들기 위하여 **하나님 자신이 비하(卑下)하셨기** 때문입니다. "참되고 영원하신 하나님이며, 어디까지나 그러하신 하나님으로 계시는 하나님의 영원한 아들이, 성령의 역사하심으로 동정녀 마리아의 살과 피로부터 진정한 인성을 취하셨고, 스스로 다윗의 참된 후손이 되어 다른 모든 것에서 그의 형제들과 같이 되셨지만 죄는 없으시다"(35문)는 이 사건이 가지는 능력, 다시 말해 하나님이 우리의 편이 되어주셨다는 사건이 가지는 능력은 전적으로 성자 안에서 하나님 자신보다 낮은 분이 나타나지 않았다는 사실에 있습니다. 성자가 **참되고 영원한 하나님** 자신이시기 때문에 성자는 그 짊어지신 것을 감당하실 수가 있었습니다. 다시 말해 "모든 인류의 죄에 대한 하나님의 진노"(37문)를 짊어지시고 그 보상을 치를 수 있었던 것입니다(40, 42문). 만약 그가 피조물이라고 한다면, 그에게 그러한 일은 불가능했습니다. 그러나 **참사람**으로서(40문) 그분은 "내가 당할 저주를 그가 대신 받으셨고"(39문), 우리를 대신하여 이 저주를 감당하셨으며 우리를 대신하여 죽으셨습니다. 그분은 자신이 죄인의 형제가 되어 죄 없는 자로서 유혹을 이기셨습니다. 그분의 "무죄성"이란 결코 그분의 인간적 본성의 한 속성이라기보다는 오히려 그분의 순종의 행위입니다. 이처럼 죄 없는 분으로서 그는 우리를 대신하시고 하나님 앞에서 죄 있는 자로 간주되었습니다. 이렇게 예수님, 즉 죄가 없고 의로우신 이분이 죄를 자기 몸에 짊어지심으로써 죄 문제에 대한 해답을 제공하셨습니다. 그리하여 이제는 그분이 이러한 입장에서 서심으로써 하나의 **전환**이 일어났습니다. 인류의 한가운데 하나의 새로운 일이, 아니 새로움 **그 자체**가 일어났습니다. 이제 이전 것은 다 지나갔고 폐지되었습니다.

본래 우리가 짊어져야 하고 감당해야만 했던 일을 그분 스스로 짊어지시고 인내하셨던 바로 그곳에서의 이러한 자기 헌신 가운데 하나님은 의를 행사하십니다. 하나님은 의를 대신하여 은혜를 선고하시기보다는 의에 의해 은혜를 베푸십니다. 또한 그 은혜를 영광스럽게 하심으로써 의를 행사하십니다. 은혜란 신약성경의 의미대로 하자면 "favor" 즉 뭔가 친밀하고 서로 신뢰하는 심정과 같은 것이 아니라 "charis"입니다. 하나님은 우리의 형제가 되시기 위해, 자기 자신에 대해 관대하지 않으셨습니다. 하나님은 우리를 도우십니다. 그러나 예수 그리스도가 우리의 의가 되신다는 것이 우리의 도움입니다. 하나님은 의를 행사하십니다. 그러나 그것은 도움으로 가득한 심판입니다. 하나님 자신이 아닌 이 세상을 살리기 위해 그것을 행사하십니다.

제43문. 우리는 십자가에서 그리스도께서 드리신 희생과 죽음으로부터 어떤 유익을 얻게 됩니까?

답. 그것은 그리스도의 힘에 의해 우리의 옛사람이 그와 함께 십자가에 못 박히고 죽고 장사되었다는 유익입니다. 그로 인해 육체의 악한 정욕이 더 이상 우리를 지배하지 못하고, 오히려 우리 자신을 그분께 감사의 제물로 드리게 되었습니다.

제44문. 왜 "음부로 내려가셨다"고 이어집니까?
답. 나의 주 그리스도가 십자가와 그곳에 이르기까지 자신의 영혼이 받으셨던 말로 형언할 수 없는 불안과 고난과 두려움에 의해, 지옥과도 같은 불안과 고통으로부터 나를 구원하여주셨다는 사실을 내가 그 어떤 시험 가운데서도 확신하기 위함입니다.

여기에는 한 사람의 죽음에 의해 과거, 현재, 장래의 모든 인간이 죽었다는 것, 또한 그들이 죄인이자 하나님에 대한 반역자로서 제거되고 처리되었다는 것이 로마서 6장과의 관련 가운데 기술되어 있습니다. 또한 여전히 일어나는 죄, 악, 우둔함의 모든 것이 이미 골고다에서 극복되어 처분되었습니다. 다시 말해 옛것은 **이미** 지나갔다는 증언 그대로입니다. 세상 가운데의 기이한 일들은 무너지고, 죄는 이제 하나의 철 지난 것이 되어버렸습니다.

그리고 하나님께서는 이 한 사람, 죄 없는 이 사람의 죽음에서(35, 38문) 감사할 수밖에 없는 **새로운 인간성**을 출현시켜주셨습니다. "보라! 새것이 **되었도다**." 그리스도 안에서 창조의 목적이 이미 이루어졌습니다. 그분은 하나님께 온전히 헌신된 분으로 우리가 감사로 고백해야 할 새로운 인간이십니다(고후 5:17).

이렇게 하여 예수 그리스도는 한편으로 과거를 창조하십니다. 환언하면 옛 아담의 세상이었던 지나간 세상을 뒤돌아보면 반드시 롯의 아내와 같이 응결되어 소금 기둥이 되어버리는 하나의 세상을 만드신 것입니다. 다른 한편으로 그분은 **장래**를 창조하십니다. 그분은 단지 우리를 향하여 길을 제시하실 뿐만 아니라 그 길을 걸어가십니다. 그리고 그 길을 우리를 대신하여 이미 걷고 계십니다. 이렇게 하심으로써 하나님의 정상성과 인간의 정상성을 재건하십니다. 그리고 그분이 중심에 서 계심으로써 "하나님 나라가 가까웠다"라는 말이 진실이 됩니다.

43문은 88-89문의 참회의 교리 가운데서 그것에 주체적으로 대응하는 서술을 볼 수 있습니다.

K

Die christliche Lehre
nach dem Heidelberger
Katechismus

B

제12장
예수 그리스도 안에서의
인간의 정상성

제45-49문

인간의 정상성은 예수 그리스도에 의해 인간에게 주어진 생명의 영광 가운데 존재합니다. 왜냐하면 모든 것의 머리가 되시는 이 유일하신 한 분의 부활에 의해 사람은 하나님의 자녀로까지 높여지고, 따라서 하나님에 대해 성화의 길을 걷고, 장차 올 하나님의 나라의 계시에 이미 참여하여, 죽음에 대한 자신의 승리를 이미 확신하고 있다는 사실 가운데 인간은 정상성을 얻을 수 있기 때문입니다.

의에 의한 구원은 공의로 행하시는 하나의 **심판 행위**입니다. 이 심판의 행위에서 인간의 정상성은 하나님의 정상성이 재건되는 결과로서 동일하게 회복됩니다. 이는 예수 그리스도의 부활과 승천 즉 승귀(昇貴)의 상태(status exaltationis)에서 일어납니다. 또한 이것은 부활절의 복음이며 영광의 신학(theologia gloriae)입니다. 계시된 하나님의 말씀은 참 하나님의 아들로서 인자이신 분의 십자가와 부활, 비천과 영광이라는 두 가지를 이야기합니다.

　　하나님이 죄 있는 인간의 파멸을 인간을 대신하여 담당하시고, 동시에 새로운 순종의 인간 존재를 실현하기 위해 예수 그리스도가 죽음으로 인간의 대속물이 됨으로써, 인간이 잃어버렸던 정상성을 재건하는 길이 열렸습니다. 인간은 하나님의 은혜에 등을 돌리고 죄를 범하지만, 이 하나님의 은혜가 예수 그리스도 안에서 승리합니다. "인간의 정상성"이라는 개념이 만약 하나의 정당한 장소를 가져야 한다면 그것은 부활절의 사신입니다. 이를 제거한다면 이 개념은 공허한 울림에 지나지 않을 것입니다. 왜냐하면 하나님의 의는 그분의 긍휼하심이지만, 이에 의해 인간이 다시 획득한 정상성 외의 어떤 정상성도 인간 자신의 것이라 할 수 없기 때문입니다. 이 사실로부터 하나의 빛이 상대적인 인간의 정상성을 당연히 조명할 것입니다. 그러한 것에 우리는 침묵할 수 없습니다. 인간의 정상성이 힘을 가지는 것은 그것이 예수 그리스도의 부활로 죄인에게 주어진 생명에 근거할 때에만 그러합니다. 교회가 자기 구원에 관해 어떤 교리를 가지는 것이 아니라 부활절의 사신을 가지고 등장한다는 사실에 모든 것이 달려 있습니다. 인간의 정상성에 관한 언급은 부활절의 사신이 가진 온전한 능력으로 언급되어야 합니다. 그렇지 않다면 그 외의 어떤 주장도 할 수 없습니다. 그러한 것들은 신문이나 정당의 공허한 말에 지나지 않을 뿐입니다. 그런 것들은 인간에게 인간의 정상성을 제시하거나 만들어낼 수도 없습니다. 하나님의 역사하심에 의해 정상성이 다시 주어지고 승리를 얻게 된 인간의 삶, 하나님에 의한, 하나님 앞에서의 그러한 인간의 삶이 중요합니다. 인간의 이러한 삶의 영광이 **예수 그리스도의 부활** 안에서 사건이 됩니다. 그분은 우리를 대신하여 죽으셨을 뿐 아니라 죽음을 정복하셨습니다. 옛 사람과 그 삶의 시간의 마지막에 그분이 그 비천함에서 우리를 대신해주셨던 것과 같이, 새 사람과 그 삶의 시작에 있어 그리고 그 승귀에서도 우리를 대신해주셨습니다.

이러한 맥락 가운데서 결정적으로 중요한 문답은 45문과 49문입니다.

제45문. 그리스도의 부활은 우리에게 어떤 유익을 가져다줍니까?
답. 첫째, 그분은 그 부활로 죽음을 이기시고, 죽으심으로 우리를 위해 획득하신 의에 우리를 참여하게 하십니다. 둘째, 우리는 이제 그분의 능력으로 이미 새로운 생명으로 살아나게 되었습니다. 셋째, 우리에게 그리스도의 부활은 우리의 복된 부활에 대한 확실한 담보가 되었습니다.

제49문. 그리스도의 승천은 우리에게 어떤 유익을 가져다줍니까?
답. 첫째, 그분이 하늘에 계신 아버지 앞에서, 우리를 위하여 중보하시는 분이 되어주십니다. 둘째, 우리의 몸이 그리스도 안에서 하늘에 있습니다. 이는 머리가 되신 그분이 그 지체가 되는 우리를 자기에게로 이끌어 올려주실 것이라는 하나의 확실한 담보(Pfand)가 됩니다. 셋째, 이분이 그 보증의 담보(Gegenpfand)로서 자신의 영을 우리에게 보내주십니다. 그 능력으로 우리는 땅의 것이 아니라 그리스도께서 하나님 우편에 앉아 계시는 천상의 것을 간구할 수 있습니다.

그분은 우리를 위하여 하늘에 계십니다. 다시 말해 그분은 그의 죽음으로 획득한 의를 우리에게 주길 원하고 계십니다. 그분이 그 죽음으로 하나님의 정상성을 회복하고 그 죽음에서 하나님의 은혜가 승리하심으로써, 그분은 우리의 정상성도 재건하여주셨습니다. 그분은 이렇게 하심으로써 "하늘에서도 그 아버지 면전에서, 우리를 위하여 중보하시는 분"으로 계시는 것입니다. 자신의 부활로 인간의 생명을 높이신 예수 그리스도는 우리 자신이 결코 깨달을 수 없는 인간의 삶을 계시하셨고, 그리하여 "하늘에" 숨겨진 그의 삶의 형태에서도 우리가 접근할 수 없는 인간의 삶을 계시하셨습니다. 그분은 이제 우리가 보고 듣고 만질 수 있는 분으로 우리 가운데 계시지 않습니다. 오로지 그분은 자신의 부활에 대한 메시지만을 우리에게 도달하게 하여주시는 분으로서 계십니다. 그러나 실로 그렇게 하심으로써 그분은 아버지 앞에서 **우리를 위해 중보하실 수 있는 분**으로 계십니다. 아직도 우리를 고발하는 모든 것은 **저곳에서** 항의를 받게 될 것입니다.

　그리스도께서 우리 형제가 되시고 그러한 분으로 죽은 자 가운데서 다시 살아나심으로써, 우리 역시 그분 안에서 부활하였고 우리 몸은 그분 안에서 하늘에 있습니다. 그러므로 49문에서 우리는 "확실한 담보로서 **우리의 몸**을 하늘에 가지고 있다"고 말합니다. 그리스도는 우리 자신의 부활의 담보입니다. 우리는 그분의 지체이며, 그분은 이미 살아 있는 영광 가운데 실존하시는 머리가 됩니다. "뒤를 따르지 않는 지체를 내버리는 머리가 있겠습니까?" 그분은 **우리를 대신하여** 부활하셨습니다.

　마지막으로 그분은 우리를 대신하여 하늘에 계십니다. 그것은 우리에게 "**그 성령을 담보의 보증으로**" 보내주시기 위함입니다. "이 성령의 능력으로, 우리는…하늘에 있는 것을 바라보는" 것입니다. 45문은 이에 대해 "둘째로 우리는 그분의 능력으로 이미 새로운 생명으로 살아나게 되었다"고 말합니다. 우리가 그에게 속할 때, 그분 안에서 우리는 이미 부활하였고, 그분 안에서 우리 자신의 부활의 선구자를 얻음으로써 우리는 그분의 것이 아닐 수 없게 되었습니다. 그분은 우리를 부르십니다. 부활하신 그분의 부르심, 단 한 번 선포된 살아 있는 하나님의 말씀으로서의 부르심을 신약성경은 **성령**이라고 부릅니다. 성령이란 어떤 정신력과 같은 것이 아닙니다. 그것은 단적으로 우리에게 다가오시는, 그래서 우리가 듣게 되는 하나님의 말씀입니다. 그렇다면 누구로부터 이 말씀이 나오겠습니까? 죽음에서 승리하시고, 역사적 과거에 머물러 계시지 않는 분, 우리를 중보하시는 분, 우리의 담보로서 하늘에서 하나님 앞에 서서 우리에게 "담보의 보증"으로서 성령을 보내주시는 그분 외에 누구로부터 나오겠습니까? 이것이야말로 우리가 하늘에 있는 것을 바랄 수 있는 힘입니다. 우리가 간절히 원하는 것은 그분의 간절히 원함에 답하는 것입니다. 이렇게 하여 우리는 능력과 영광 안에서 우리 자신의 생명, 우리 인간의 정상성을 찾고 발견합니다. 이는 우리가 이미 새로운 생명으로서 살아가고 있는 방식입니다.

제46문. 당신은 "하늘에 오르사"를 어떻게 이해하십니까?
답. 그리스도는 그 제자들이 보는 가운데 지상에서 천상으로 올라가셨고, 산 자와 죽은 자를 심판하고자 다시 오실 때까지 우리를 위하여 그곳에 계신다는 것을 이해합니다.

이렇게 그분은 그 지체들의 머리로서 "우리를 위하여 그곳에"(46문) 계십니다. 이 부분을 바르게 이해하기 위해, **그분**이 다른 모든 인류와는 완전히 다른 주체로서 우리를 위하여 존재하신다는 사실이 강조되지 않으면 안 됩니다. 그분은 그 죽음에서와 마찬가지로 우리에 대해 진실로 **건너편**(Gegenüber)에서 부활하셨습니다. 그리스도께서 죽음을 이기신 승리가 **객관적** 사실이듯이, 그분의 승귀하심도 엄연한 **객관적** 사건임을 우리는 고백합니다. 따라서 이는 **우리에 관한** 하나의 **역사적**(geschichtliche) **결단**이지, 결코 우리 **안에** 일어난 일이 아닙니다. 46문이 "그리스도는 그 제자들이 보는 가운데 지상에서 천상으로 올라가셨다"고 말할 때, 우리는 이를 **객관적 사실로** 이해하지 않으면 안 됩니다. (물론 그것은 모든 정통적 해석이 가지는 한계입니다.) 예를 들어 예수 그리스도와 교제하면서 내적으로 일어나는 어떤 고양(高揚)으로 해석되어서는 안 됩니다. 물론 사람에게는 어떤 고양과 같은 것들이 일어날 수 있습니다. 그러나 여기서 우리의 모든 고양의 기초가 되며 결정적으로 중요한 것은, 다른 모든 사람과 다르며 다른 모든 사람과 동떨어져 있는 유일한 예수 그리스도 바로 그분입니다. 머리가 되신 예수님 안에서 죽음의 극복과 삶의 승귀는 사건이 됩니다. 그분의 승귀는 그 비하와 마찬가지로 역사(geschichte)입니다. 이 점에서 우리는 불트만의 신약성경의 "비신화화"(Entmythologisierung)에 대해 단적으로 "아니요"라고 말할 수밖에 없습니다. "예수 그리스도의 부활"에서 중요한 문제는 모든 다른 사람들과 구별되는 한 주체의 부활이라는 것이며, 따라서 골고다의 사건과 동일하게 시간과 공간 가운데 일어난 사건이라는 점입니다. 만약 그렇지 않다면, 부활 사건은 단순히 인간의 새로운 결정으로 환원되고, 초기 제자들의 신앙을 상기시키는 것에 그치고 맙니다. 또한 우리를 위한 그리스도, 우리 안에 거하시는 그리스도, 그리고 우리에게 이것을 보증하시는 그리스도의 현존마저 사라지고 맙니다. 실로 이 경우에는 부활절의 사신 그 자체가 파괴되어 폐기될 수밖에 없습니다. 신약 성경을 "비신화화"하려는 시도의 정당성은 "부활절의 사신이 문헌적으로나 역사적으로 볼 때 실제로 편년사(historie)의 성격을 가지지 않는다"라는 자명한 설명에서만 찾을 수 있습니다. 부활절의 사신으로서 고지되는 내용은 편년사로는 드러나지 않습니다. 오히려 역사가(Historiker)는 그곳에서 구비(口碑, saga)와 전설에 관해 말할 것입니다. 만약 불트만이 그곳에는 구비나 전설의 형태로 역사(Geschichte, 신화가 아니라!)가 기술되어 있음을 입증하려고 한다면, 그에게 그 어떤 반대도 있을 수가 없습니다. 왜 우리는 이처럼 머리털이 곤두서는 논증에 관심을 가져야 합니까? 부활절 보고가 이러한 형태를 가졌다고 해서 이 보고가 가지는 실제의 역사적 성격을 부정할 수는 없습니다. 편년사라는 형태가 당연히 한계를 가진다고 한다면, 왜 구비나 전설이 아주 적절한 전승이 되지 못합니까? 성경은 무수한 구비와 전설을 포함하고 있습니다. 그렇다고 해서 그곳에 실제 사건이 기술되어 있지 않다고 결론짓는 것은 잘못된 판단입니다. 무시간적인 진리—신화—를 성경은 결코 말하려고 하지 않습니다. 성경은 여기서도 참된 역사(Geschichte)를 말합니다. 그러나 그것은 실로 편년사로는 도저히 도달 불가능한 형태의 역사(Geschichte)입니다. 이 사실에 대한 올바른 순서는 **부활절의 역사**(Ostergeschichte)—**부활절의 사신**(Osterbotschaft, 구비!)—십자가의 체험과 반대 경험으로서의 **부활절의 신앙**(Osterglaube)입니다. 누구든지 부활절 **신앙**에서 시작하여 **그것을** 부활절 사신의 내용으로 만들고자 한다면, 결국에는 부활절의 역사를 마음대로 무시하는 사람이 되어버릴 것입니다. 이 주제에 관한 그들의 이야기는 진부하고 아주 부당한 것임에 틀림이 없습니다. 그렇다고 십자가의 체험과 반대 경험이 구비를 만들었다고 결코 말해서도 안 됩니다.

　그는 부활하였습니다. **그는** 완성과 영광 가운데 계십니다. 이 사실은 그분 안에서 현저하게 드러납니다. 또한 이는 우리의 모든 것이 오로지 그분에 대한 관계에서만 타당하다는 의미입니다. 우리 편에서 보자면 그리스도는 부활하신 분으로서 우리의 종말이자 우리의 약속입니다. 우리는 그분이 다시 오시는 그날까지 그분을 기다립니다(49문). 그분은 우리의 "담보"입니다(45, 49문). 우리는 위의 것을 찾지 않으면 안 됩니다(49문). 이러한 언급들은 모두 하나의 "아직"을 말합니다. 우리는 하나님의 자녀로까지 높임을 **받았으며**, 장차 다가올 하나님의 나라에 참여하고 **있고**, 살아가면서도 동시에 죽음을 향해 걸어가고 있지만 죽음에 대해 승리를 확신하고 **있습니다.** 이 점에서 무엇이든 상대화되거나 과소평가되어서는 안 됩니다. 모든 것은 **끝났**습니다. 그러나 우리가 그렇게 될 수밖에 없는 그 끝은 아직 드러나지 않았습니다. 언젠가 제거될 덮개가 아직도 우리 위를 덮고 있습니다. 예수 그리스도의 부활이 아니라 우리의 부활과 높여진 삶은 이런 의미에서 기대의 대상이 됩니다.

우리는 47문과 48문을 "신학적 업무상의 재앙(Betriebsunfall)"이라 부를 수 있을 것입니다.

제47문. 그렇다면 그리스도는 우리에게 약속하신 것처럼 이 세상 끝날까지 우리와 함께 계시지 않습니까?

답. 그리스도는 참 사람이며 참 하나님이십니다. 그 인간으로서의 본성에 의하면 그분은 지금 이 세상에 계시지 않습니다. 그러나 그 신성과 위엄과 은혜와 성령에 의하면 그분은 결코 우리를 떠나 계시지 않습니다.

제48문. 그러나 인성이 신성이 있는 곳에 어디든지 있을 수는 없다면, 그리스도의 두 본성은 서로 분리되어 있는 것이 아닙니까?

답. 결코 그렇지 않습니다. 왜냐하면 신성은 이해할 수 없으며 어디든지 임재하시기 때문에, 그가 취하신 인성의 외부에 분명히 계시며, 동시에 인성 안에도 계시고, 끊임없이 인성과 인격적으로 연합하고 있습니다.

47문에 대해서는 다음과 같이 말할 수 있습니다. "볼지어다. 내가 세상 끝날까지 너희와 항상 함께 있으리라"는 마태복음 28:20이 말하는 의미에서, 우리는 합당하게 이 문답에 대해 그 어떤 망설임도 없이 "예"라고 말할 수 있습니다. 예수 그리스도 가 참 하나님이며 **참 사람이라고 한다면**, 그분은 어떠한 상황에 서도 그러한 분으로 **계신다는 것입니다.** 그러나 47문에서는 그 분의 신성과 인성에 대해 불행하게도 구별을 이야기하고 있습니 다. 그런데 이 문답에는 성경의 사유와 표현의 단순함이 부족합 니다. "그분은 결코 우리를 떠나 계시지 않습니다"라는 표현은 만약 그것이 오로지 그의 신성만을—로고스만을—지칭한다고 한다면, 어떤 의미가 되는 것입니까? 그분의 인성도 동시에 그곳 에 있는 듯 없는 듯 "은혜와 성령"에 의한 그리스도의 임재라는 것이 존재할 수 있습니까?

48문에 대해 신성이 예수 그리스도의 인성의 <u>외부에</u>(extra) 존재한다는 것은 성육의 자유로운 은혜의 기술로서 틀리지는 않 습니다. 그러나 <u>그리스도 이후</u>(post Christum)에 관해 성육을 회고 하면서 말할 때, 이는 불신앙적인 표현이라고 말할 수밖에 없습 니다. 우리가 예수 그리스도를 믿는다고 할 때 그것은 동시에 참 하나님이며 참 사람이신 유일하신 분을 믿는다는 의미입니다.

그러나 47문과 48문에 대한 이러한 비판으로 우리가 루터파의 주장을 긍정하려는 것은 아닙니다. 물론 그러한 것을 이 문답들이 염두에 두고는 있습니다. 사실 그리스도론 논쟁의 배후에는 성찬에 관한 슬픈 논쟁이 존재합니다. 이 논쟁에 대한 나의 의견은 이렇습니다. 잘못된 주장으로 말미암아 잘못된 반대 명제에 대한 해답이 도출되었다는 것입니다. 다시 말해 빵과 포도주인 "몸과 피", 즉 significat(의미하다)와 est(있다)에 관한 논쟁이 바로 그것입니다. 신약성경에서 "est"라는 말은 의심의 여지 없이 빵과 포도주가 아닌 **행위**(Handlung)를 지칭합니다. 또한 사람들은 "몸과 피"라는 말을 육체성으로 이해하지만 신약성경에서 soma kai haima(몸과 피)라는 말은 단적으로 "인간"을 의미합니다. 따라서 루터와 같이 추상적으로 신체성에 관해 말할 수 있는 것이 아니었습니다. 그런데 루터가 그와 같이 추상적으로 신체성에 관해 말했을 때, 츠빙글리는 이렇게 잘못 제기된 문제에 대해 잘못된 하나의 해답을 제공할 수밖에 없었던 것입니다. 그는 신체성에 대해 하나의 순수한 영성을 대립시켰습니다. 그러나 그것은 신약성경이 말하고자 했던 바는 아니었습니다. 이렇게 하여 사람들은 그리스도의 보편적 임재―그 편재―에 관해 루터파의 주장에 이르게 되었고, 결국 개혁파 사람들은 이 주장에 대한 문제의 중심은 보편적 임재가 아니라 그리스도께서 하늘에 계신다는 사실이라고 주장하며 반박하였습니다. 이러한 결과로 47문과 48문의 내용과 같은 표현이 되었던 것입니다. 그렇다고 한다면 "인성의 내부에 있는 로고스(logos intra naturam humanum) 인가, 인성의 내부와 외부에 있는 로고스(logos intra et extra naturam humanum)인가"라는 논쟁으로 오늘날에 이어지고 있는 이 논의가 다시 거론될 필요가 있다고 생각하십니까? 이 논쟁 전체가 잘못된 것은 아닌지 고민할 필요가 있습니다. 이 두 문답을 통해 우리가 배워야 할 점이 있다면, 그것은 바로 신학적 논쟁에 관계하는 사람이 잘못된 주장을 한다면 그로 말미암아 잘못된 반대 명제의 유혹이 일어난다는 사실이 얼마나 위험한 일인가라는 점입니다. 실로 16세기에 개혁파 사람들은 루터의 "달갑지 않은 도움"(Bärendienst)에 유혹된 결과 사색에 빠져, 그것을 영적인 것으로 만들 수밖에 없었습니다. 그러나 이렇게 하여 생겨난 "신앙고백상의" 차이에 관해, 오늘날 어떤 심사숙고도 없이 다시 거론함으로써 교회분열이라는 중대한 사건의 원인으로 몰아갈 수는 없습니다.

K
B

Die christliche Lehre
nach dem Heidelberger
Katechismus

제13장
예수 그리스도의 나라

제50-52문

그 피조물 가운데 하나님의 전능하신 통치하심의 의의와 능력은 예수 그리스도 안에서의 은혜와 생명에 의한 지배 (Herrschaft)입니다. 이 지배는 내면적·직접적으로는 예수 그리스도의 공동체 안에서 영의 특별한 은사에 의해 일어나지만, 그와 동시에 외면적·간접적으로는 역사의 보편적 또한 특별한 여정을 그분이 규정하심으로써 가능케 하십니다. 예수 그리스도는 마지막 때에 모든 인간의 심판주로서 나타나시는 그러한 나라 전체의 감추어진 왕입니다.

제50문. 왜 "하나님 아버지 우편에 앉으셨습니다"라는 말을 덧붙였습니까?

답. 왜냐하면 그리스도께서 승천하신 것은 그곳에서 그분 자신이 그리스도 교회의 머리가 되심을 드러내시기 위함이며, 이는 아버지께서 그분으로 말미암아 만물을 통치하시기 때문입니다.

참 하나님이자 참 사람이신 그분, 하나님의 정상성과 인간의 정상성을 동시에 회복시키신 분, 비하(卑下)하신 분이지만 승귀(昇貴)하신 분으로 계시는 분, 그 공동체의 머리가 되신 분이 하나님 옆에 앉으셨습니다. 전에도 계셨고 지금도 계시고 앞으로 오실 이분이 **모든** 신적 활동의 주체입니다. 우리의 시간이란 그분의 현재와 그분의 장래의 시간으로서, 그분의 통치의 시간으로 규정되어 있습니다. 우리의 시간은 그분의 죽음과 그분의 부활에서 일어난 **전환의** 증표 가운데 장래의 완전한 그분의 계시를 기대하면서 존재하는 것입니다. 이는 이 출발점으로부터 목표를 향해 급하게 달려가는 시간, 즉 **종말의 시간**입니다.

제10장에서 29-34문에 관련하여, 우리는 유일하신 참 하나님의 주권이 예수님을 믿는 백성들에 대한 유일한 예수 그리스도의 통치에 **상응한다**고 말했습니다. 왜 우리가 여기서 상응관계에 대해 말할 수 있을까요? 그것은 예수 그리스도 안에 나타난 하나님의 통치하시는 뜻(즉, 은혜인 그의 의의 사역과 그리스도교 공동체에 인식 가능한 생명의 사역 안에서)이 동시에 전체 창조 세계에서 나타나는 하나님 통치의 비밀이자 의미이며 능력이기 때문입니다. 모든 것을 지배하시는 "그분의 손"(27, 28문)은 우리를 마음대로 처리하시는 어두운 힘이 아니라, 오히려 예수 그리스도 안에서 우리에게 나타나는 그분의 손길입니다. 예수 그리스도의 성육과 십자가와 부활의 결과는 단적으로 "**나는** 하늘과 땅의 모든 권세를 받았다"(마 28:18)라는 것입니다. 그분은 아버지 우편에 앉으신 그리스도 교회의 머리입니다. 이는 그분이 이 세상에서 하나의 "영지"를 다스리지 않으면 안 된다는 뜻도 아니고, 이 세상에 그분 외에 그 어떤 왕이나 수령들이 있다는 의미도 아닙

니다. 그렇지 않습니다. "그분 자신이 그리스도 교회의 머리가 되시고, 아버지께서 그분으로 말미암아 **만물**을 통치"(50문)하신다는 것입니다. 예수 그리스도께서 그 교회의 머리가 되시는 것과 아버지께서 그분으로 말미암아 만물을 통치하신다며 그분에 관해 말하는 것은 완전히 사정이 다른 이야기입니다. 즉 그분이 이 공동체의 주가 되시는 것과 전 세계의 주가 되시는 것은 다릅니다. 그러나 중요한 점은 이러한 두 개의 내용이 다른 이야기가 아니라 그분의 지배가 공동체와 세계에 대해 극히 실제적이며 활동적으로 나타난다는 사실에 있습니다. 그분이 다스리는 나라는 끝이 없습니다. 교회의 벽 다시 말해 그리스도인들의 원주에는 한계가 없습니다. 교회의 퀴리오스는 동시에 세상의 퀴리오스입니다(골 1장, 빌 1장). 그분은 자기 자신이 "**그 교회의 머리**"가 되심을 증언하십니다(50문). 다시 말해 그분은 부활에 의해 새로운 피조물의 첫 열매가 되시고, 공동체를 깨워 불러 세우시사 그것을 자신의 지체로 삼아 순종하게 하시고 봉사하게 하시는 하나님의 살아 있는 말씀으로서 역사하시며 그렇게 나타나십니다. 교회는 이 세상과 **나란히** 서 있지만, 교회의 주님은 이 세상 **위에** 계십니다. 그분의 백성은 아버지께서 그분에게 **모든 것**을 주셨다는 사실을 인식합니다.

제51문. 우리의 머리이신 그리스도의 이러한 영광은 우리에게 어떠한 유익을 가져다줍니까?

답. 첫째는 이분이 그 거룩하신 영으로 자신의 지체인 우리에게 하늘로부터 은사를 부어주신다는 것이며, 둘째는 그 능력으로 우리를 모든 적으로부터 보호해주시고 견지해주신다는 것입니다.

그리스도 교회의 머리로서 그리스도의 지배는 **내면적** 그리고 **직접적**으로는 믿음 소망 사랑이라는 성경의 은사에 의해 집행됩니다. 공동체가 그 기초를 다지고 인도함을 받아 세워져가는 그곳, 다시 말해 사도 서한이 증언하는(롬 12, 14장) 것과 같은 생활이 지상에서 드러나는 바로 그곳에서 우리는 예수 그리스도의 임재와 지배를 만나게 됩니다. 그런 곳에서는 그분이 아버지의 우편에 앉으신 사실의 효력이 나타납니다. 그분의 능력과 지배는 공동체에서 전해지는 하나님의 말씀과 동일합니다. 여기서 문제의 중심은 어떤 "종교적 현실"이 아니라 "그분이 그 능력에 의해 우리를 모든 적으로부터 보호해주시고 견지해주신다"는 사실입니다.

그러나 그와 동시에 그리스도의 지배와 능력의 외면적이고 간접적인 집행이라는 점 역시 존재합니다. 공동체 그 자체의 여정과 아주 동일하게 공동체 외부의 역사적 여정도, 별도의 방식이기는 하지만 그리스도의 통치 아래에 있습니다. 단순히 그 자체의 법칙에 맡겨진 것과 같은 세계사는 존재하지 않습니다. 보편적 섭리와 공동체에 대한 인도하심 사이에 분리는 존재하지 않습니다. 크고 작은 역사들(Geschichten)이란 **은혜의 시대**에 일어난 사건에 관한 것입니다. 은혜를 통해 하나님은 모든 적들로부터 그의 교회를 보호하시고, 교회의 사명을 위해 은혜로 교회를 보존하십니다. 이처럼 교회는 위협받지만, 결코 멸망하지 않습니다. 영원히 지속될 것입니다(perpetua mansura est). 교회는 하나님의 일입니다. 그러나 교회에는 "악마의 일"(123문)이 대립하고 있습니다. 따라서 여기서는 첫째로 인간적인 적이 아니라 악마와 이 세상과 우리 자신의 육신(127문)의 문제를 생각해야 합니다. 그리스도의 부활과 재림 사이에 놓인 이 중간 때에 교회역사(Kirchengeshichte)가 있다는 것은 그리스도께서 이 세상을 버리시지 않는다는 계시입니다. 이런 의미에서 교회는 세계역사의 의미 그 자체이며 신비입니다. 그래서 세계역사는 교회역사를 위해 생기한다고 말할 수 있습니다. 여기에 실로 본래적 힘의 자리가 있습니다. 이 힘에 대해 다른 모든 힘들은 "무력"할 뿐입니다.

제52문. 산 자와 죽은 자를 심판하시기 위하여 그리스도께서 재림하신다는 사실은 당신에게 어떠한 위로를 가져다줍니까?
답. 온갖 슬픔과 박해 가운데서도 고개를 높이 들고 이전에 나를 위하여 하나님의 심판대에서 자기 자신을 드리셨고, 그리하여 모든 저주를 내게서 제거하신 바로 그분께서 하늘로부터 심판자로 임하시기를 기다립니다. 나는 모든 환난과 박해 가운데서도 고개를 들고 하늘로부터 오실 그 심판자를 학수고대합니다. 그분은 이전에 나를 위해 하나님의 심판대에 서셨고, 나의 모든 정죄를 제거하셨습니다. 그분은 자신의 원수들, 곧 나의 원수들이기도 한 자들을 영원한 저주 속으로 던지실 것입니다. 그러나 나와 함께 모든 택함 받은 자들을 자기 곁으로 데려가 하늘의 기쁨과 영광 속에 참여하게 하실 것입니다.

여기서 장래를 향하여 우리의 눈이 열립니다. 이미 오신 그분은 동시에 이윽고 오실 그분입니다. 하나님의 심판은 우리 인생과 이 세상의 흐름 가운데 숨겨져 있습니다. 교회뿐만이 아니라 세상의 비밀로서 우리가 믿어야 하는 하나님의 심판은 반드시 **현저하게** 드러날 것입니다. 그리스도 공동체는 이 심판의 주님을 잘 **알고 있기 때문에** 어떠한 고난과 박해 가운데서도 확신을 가지고 장래를 바라보며 **소망**합니다. 공동체는 이 심판이 이미 집행되었다는 사실 또한 잘 알고 있습니다. 이 심판의 주님께서 "이전에 나를 위하여 하나님의 심판대에서 자기 자신을 드리셨다"는 사실을 알고 계십니다. 이 심판의 주님은 우리를 위해 몸소 심판을 받으신 분입니다. 그분으로 말미암아 우리가 해방되었습니다. 이제 우리가 그분에게 기대할 수 있는 것은 오로지 기쁨과 영광뿐입니다. 왜냐하면 오로지 그분의 원수들만이 멸망의 나락으로 떨어졌기 때문입니다. 이 원수들이란 누구입니까? 123문과 127문에 등장하는 자들입니까? 그렇게도 이해할 수 있습니다. 그러나 52문에서 심판 날에 관해 중세의 회화가 그려내었던 이미지를 어느 정도 떠올릴 수도 있을 것입니다. 그 그림에는 "정죄받은 자들"의 모습이 너무나도 또렷하게 그려져 있습니다. 예전의 교의학 학자들은 자신들의 신학적 작업을 영원한 축복과 영원한 멸망의 교리로 항상 끝맺기도 했습니다. 그러면서 그런 맥락에서, 축복받은 자들이 멸망받은 자들을 생각할 때 그들의 심정은 어떠했을지 문제를 제기합니다. 그리고 그 문제에 대해 슬퍼하기보다는 오히려 멸망받은 자들을 바라보며, 하나님의 영광이 이렇게 위대하다면서 기뻐해야 한다고 답했습니다. 그러나 이 경우 우리는 우리 자신을 제어하여 단테와 함께 낙원의 노래를 부르지 않는 편이 나을 것이며, 또한 유명한 지옥의 노래를 부르지 않는 편이 보다 더 현명한 선택 아니겠습니까? 우리가 멸망을 바르게 이해하려면, 모든 인간(우리를 포함하여)이 하나님의 원수라는 사실을 굳게 붙들어야 합니다. 그러나 우리 모두가 마주하게 될 심판자는 우리를 위해 자신을 내어주신 주님입니다. 바로 그분이 심판의 주님이시므로 만인구원론은 성립할 수 없습니다. 그분은 우리 그리스도인들에게 자신이 심판주이심을 은혜로 깨닫게 하신 분입니다. 우리가 지금 여기에 서 있는 이 은혜의 때에 영원한 멸망이 존재하는지 어떤지 그런 것들을 생각하기보다도, 오히려 사람들에게 이 기쁨의 복음을 전파하고 누가 우리의 심판주이신지를 사람들에게 선포하여 알게 하는 것이 좋지 않겠습니까? 우리 그리스도인은 그리스도가 모든 인간을 대신하여 죽으셨다는 사실을 고백하고 증언하기 위해 부름을 받은 자들입니다. 그분은 자신과 나란히 할 수 있는 다른 주가 결단코 존재할 수 없는 **바로 그런** 주님으로 계십니다. 우리 그리스도인들은 이 사실을 그분의 원수들을 **위해서도** 믿을 수 있습니다. 물론 이것에 의해 멸망의 엄숙함이 약화되어서는 안 될 것입니다. 그럼에도 그리스도께서 **멸망까지도 몸소 담당하셨다**는 사실은 당연히 반드시 견지되어야 합니다. 그렇다고 하면 택함을 받은 우리와 멸망받은 다른 자들 간의 대립이란 우리의 마음에 우스운 유머 정도로 작동할 뿐이지 않겠습니까? 고개를 들고 그 심판의 주님을 향하여 나아가는 택함 받은 백성이 해야 할 일은 이 심판의 주를 아직 알지 못하는 사람들에게 그분을 선교하고, 그들이 모든 사람과 그러한 연대성 가운데 머물러 있도록 해야 하는 것 외에는 아무것도 없습니다. 그러나 이는 심판에 대한 모든 도식이 잘못되었다는 뜻입니다. 그것은 지극히 **비-그리스도교적**인 도식입니다.

　"하나님 우편에 앉으셨다"라는 글귀를 바르게 이해한다면 그리스도교 윤리에 내포된 두 개의 기본적인 원리가 아주 명료하게 드러납니다.

1. 이 글귀를 바르게 이해하는 자는 다른 그 어떤 것보다도 그리스도교적인 것에 절대적인 **우위가** 주어져야 함을 이해할 수밖에 없습니다. 물론 인간은 단순한 그리스도인이 아닙니다. 그는 동시에 자신의 몸을 가졌고, "귀여운 작은 창"과 같은 눈을 가졌으며, 귀를 가졌고, 코를 가지고 있습니다. 그는 하나의 완전한 소우주입니다. 그러나 그와 그의 다른 모든 것조차도 그가 무엇보다도 먼저 그리스도인이라는 이 한 사실에 종속됩니다. 이 순서가 거꾸로 될 수는 없습니다. 예를 들어 정치가이면서 그 위에 그리스도인이라는 것은 있을 수가 없습니다. 그리스도교가 다른 것과 동등한 위치에 놓이기는 불가능합니다. 그것은 절대적인 우위를 차지합니다. 그 이유는 그리스도께서 아버지 우편에 앉으셨기 때문입니다.

2. 그러나 "하나님 우편에 앉으셨다"는 고백을 바르게 이해한다

면, 이는 **그리스도인과 이 세상의 관계**, 즉 인간적 현실에 대한 그리스도인의 실존이 필연적이라는 의미입니다. 우리는 그리스도인으로서 인간적인 것들에 관심을 가질지 말지를 선택할 수 없으며, 이 세상의 아름다움과 위대함과 기쁨에 대해 우리의 눈을 뜰지 감을지를 임의로 결정할 수 없습니다. 이 세상에 대한 그리스도인의 관계는 임의적이지 않습니다. 그리스도인은 자신이 그리스도인으로서 모든 것을 더 잘 알고 있다고 생각한다든지 또는 이 세상을 적대시한다든지 하는 싸구려 염려를 이 세상에 드러낼 수는 없습니다. 그러한 행위가 불가능한 것은 그리스도가 그 공동체를 통해 또한 공동체의 머리로서 **모든 것**을 통치하시기 때문입니다. 만약 우리가 열린 눈과 마음으로 이 세상을 살아가지 않고 헬라인에게는 신실하게 헬라인이 되고자 하지 않는다면, 이는 그리스도의 주권을 분열시키는 죄를 범하는 것입니다.

Die christliche Lehre
nach dem Heidelberger
Katechismus

제14장
하나님은 영이시다

제53-58문

오로지 유일하신 참 하나님은 성부 하나님으로 창조주이고, 성자 하나님으로 구세주며, 동시에 성령 하나님으로 영원하고 전능하며 자비하심이 깊으신 분입니다. 성령 하나님은 사람을 초월하여 역사하시고, 사람 위에 역사하실 뿐만 아니라 믿음으로 예수 그리스도께 속하는 사람들 가운데 생명을 창조하시며 역사하십니다. 다시 말해 예수 그리스도에 의해 공동체로 결집되어 공동체의 은사와 사명에 참여하고, 그분의 죽음의 능력 안에서 죄인의 두려움이 사라지며, 그분의 부활의 능력으로 기쁨이 가득한 자가 되어, 이 시간적 생명 가운데 살아가면서도 영원한 생명을 향해 걸어갈 수 있는 그런 사람 가운데 성령 하나님은 역사하십니다.

사도신조의 제1항과 제2항을 되짚어 보면, "**나는 믿습니다**"라는 고백은 제3항의 의미에서 "나는 **내가** 존재할 수 있다는 것을 믿습니다. 성부로서 창조주 하나님, 성자로서 구세주 하나님이 동시에 **나의** 창조주가 되시며 구세주가 되심을 믿습니다. 따라서 내가 그 하나님의 피조물이며, 그 하나님에 의해서 구원받은 자임을 믿습니다"라는 뜻이 됩니다. 나는 피조물로서 공동체의 지체가 될 수 있습니다. 나는 나의 죄와 나의 죽음에 대항할 수 있습니다. 또한 나는—58문—나의 피조물성의 덧없음에 직면하면서도 완성을 **기대하며 소망합니다.** 다시 말해 나는 영원한 생명을 믿습니다.

　이러한 "나는 믿습니다"가 제3항의 내용입니다. 나의 믿음의 대상은 나의 믿음입니까? 아닙니다. 그렇지 않습니다. 나는 성부 하나님을 믿고 성자 하나님을 믿습니다. 그와 동일하게 유일하신 참 **성령 하나님**을 믿습니다. 성부와 성자와 함께 참되고 영원하신 하나님 그분을 믿습니다. <u>성부와 성자와 함께 경배를 받으시고, 영광을 받으시는 위로의 성령</u>(Spiritus vivificans qui cum patre et filio simul adoratur et glorificatur)을 말입니다. 우리가 제3항을 유일하신 하나님에 관한 신앙의 제3형태로 이해한다면, 여기서 그리스도교적 분파 운동을 비롯한 많은 문제에 대해 해답을 얻을 수도 있을 것입니다. 실로 그러한 분파 운동은 이 점에서 정당하게 이해될 수 있습니다. "영혼과 하나님" 또는 "하나님과 영혼"이라는 드러난 듯 숨겨진 듯한 하나의 신비주의의 흐름이 몇 세기를 이어져 내려오고 있습니다. 우리는 "경건주의"라는 이름으로 살아가는 모든 것을—그것이 신비주의적 종류인지, 도덕적인 종류인지는 차치하고—상기해볼 수 있습니다. "나는 성령을 믿습니다"를 바르게 이해한다면, 이러한 문제로부터 해방될 것이며, 이러한 문제를 올바르게 거론할 수 있게 됩니다. "나는 성령을 믿습니다"라는 고백을 바르게 이해하는 자는 경건주의도 이해하게 됩니다. 경건주의 문제와 동일선상에는 고전적으로 슐라이어마허에게서 나타난 이른바 "신-프로테스탄티즘"의 문제도 놓여 있습니다.[1] 따라서 제3항을 이해하는 사람은 아마도 슐라이어마허를 통해 그것을 재확인할 수 있을 것입니다. 그 사람은 "우리 안에 계시는 하나님"이라든지, 그것과 관련한 다양한 사상을 가진 슐라이어마허나 19세기 신학자들을 더 이상 괘씸히 여겨 분개하는 마음으로 대하지 않을 것입니다. 그 사람은 자유주의에 대한 올바른 극복을 알게 될 것입니다. 그 사람은 이러한 번데기 껍질 속으로 기어들어가는 위험을 범하지도 않을 것입니다. 오히려 그 사람은 여기를 가로지르며 존재하는 진정한 문제를 인식하게 될 것입니다. 만약 우리의 젊은 신학자들이 이 신앙고백이 가지는 완전성을 바르게 바라보고 인식한다면, 아마도 그들은 다시 한번 약간의 "자유주의자"(liberal)가 될지도 모릅니다. 그렇게 하여 그들은 경건주의적 동굴에도 자유주의적 동

---

1   '신-프로테스탄티즘'(Neuprotestantismus)이라는 용어는 에른스트 트뢸치(Ernst Troeltsch, 1865-1923)가 만든 술어로서, 고-프로테스탄티즘(Altprotestantismus)과의 관련 가운데 사용된다. 연대적으로는 근대 문명의 영향을 받은 계몽주의 이후(1700년 이후)의 개신교를 지칭한다. 인간에게 주어진 하나님의 계시가 인간의 이성과 혼합되어 오히려 인간 이성이 존중되는 신학이다. 말하자면 종교개혁 교회로부터 질적으로 변화된 근대적 프로테스탄티즘으로, 이신론이나 자유주의 기독교(슐라이어마허, 리츨 등)가 그 전형적인 예라고 할 수 있다.

굴에도 빠져들지 않고 또한 "정통주의"가 되어야 할 필요도 없이, 오히려 신앙이 가지는 소박함과 단순함으로 "만물이 다 너희 것임이라.…너희는 그리스도의 것이요"라는 말씀을 이해할 것입니다. 따라서 우리는 여기서도 제1항 및 제2항과 동일하게 문제의 중심에 있습니다. 성부로서 나의 창조주이며 성자로서 나의 구세주이신 분은 생명을 **내 안에** 창조하시는 분입니다.

나는 성령 하나님을 믿습니다.

제53문. 성령에 대해 당신은 무엇을 믿습니까?

답. 첫째, 이분은 성부와 성자와 동일하게 영원한 하나님이시라는 것을 믿습니다. 둘째, 성령은 나에게 주신 바 된 분으로, 참된 믿음으로 그리스도와 그분의 모든 은혜에 나를 참여하게 하시며, 나를 위로하시며 영원히 나와 함께 계신다는 것을 믿습니다.

하나님은 단순히 나를 초월한 존재로 머물기를 원하지 않으시고, 내 **안**에 직접 거하기를 원하십니다. 이것이 제3항의 핵심적인 선언이며, 곧 내 안에 계시는 하나님(Deus in nobis)을 의미합니다. 이는 신-프로테스탄티즘의 새로운 해석들과 그에 대한 모든 비판에도 불구하고 변함없는 진리입니다. 그렇다면 이것은 무슨 의미입니까? "성령은 나에게 주신 바 된 분으로서 참된 믿음으로 그리스도와 그분의 모든 은혜에 나를 참여하게 하시는" 분이라는 뜻입니다. 이처럼 내 안에 계시는 하나님으로서 성령은 나에게 주신 바 되신 분입니다. 이 엄청난 사실은 한순간도 정적으로 이해될 수 있는 것이 아닙니다. 그리스도는 나의 신앙의 근저로서 나에게 주신 바 되었습니다. 하나님 편에서 기초를 세워주심으로써 우리의 작은 믿음조차도 참된 믿음이 됩니다. 다시 말해 그리스도와 그리스도의 모든 은혜에 참여하는 것입니다. 믿음으로 우리는 하나님이 우리에게 베푸시는 그곳으로 손을 내미는 것입니다. 나는 예수 그리스도 안에서 객관적으로 얻은 위로에 주체적으로 이미 참여하고 있다(1문)는 것을 믿습니다. 또한 그것은 일시적인 사건이 아니라 결정적인 사건임을 믿습니다. 신앙에 끝이 있다고 한다면 신앙 안에 기초를 가질 필요가 없습니다. 만약 나에게서 신앙을 빼앗아 간다면 그것은 내가 신앙을 저버린 것일 뿐입니다.

54문과 55문은 한 세트가 됩니다.

제54문. "거룩한 공교회"에 대해 당신은 무엇을 믿습니까?
답. 하나님의 아들이 온 인류로부터 자신을 위해서 영원한 생명으로 택하신 한 무리를 자신의 성령과 말씀으로 참된 신앙의 일치 안에서 세상 시작부터 끝날까지 모으시고 보호하시고 보존하신다는 것, 그리고 우리가 그 무리의 살아 있는 한 지체로서 영원히 그렇게 있을 것이라는 사실을 믿습니다.

제55문. "성도의 교제"에 대해 당신은 무엇을 이해합니까?
답. 첫째, 신자는 누구든지 무리의 한 지체로서 그리스도와 이분의 모든 보화와 은사에 참여하고 있으며, 둘째, 각자는 각자의 은사를 다른 지체의 유익과 구원을 위해서 자발적으로 기쁨으로 사용해야 할 책임이 있다는 것을 깨닫지 않으면 안 된다고 이해합니다.

상기의 두 문답은 교회에 관한 성도의 교제에 대한 내용입니다. **내가** 성령 하나님을 믿는다는 것은 내가 믿을 수 있을 만한 것을 믿는다는 뜻이 아닙니다. 사적인 그리스도교는 존재하지 않습니다. 내가 성령을 믿는다고 할 때 그것은 나의 믿음 안으로 스며 들어온 온 인류를 위한 하나님의 역사하심을 내가 믿는다는 뜻입니다. 나와 나의 신앙이 하나님의 길의 목표가 아니라, 그분의 일을 수행하는 것이 목표입니다. 하나님은 하나의 빛을 지상에 비추셨습니다. 나는 지상에 하나의 공동체가, 더욱이 하나님의 아들에 의해 기초가 세워진 하나의 공동체가 존재하는 것을 믿습니다. 여기서는 인간이 우선적으로 사역하는 것이 아니라─물론 여기에는 하나님에 대한 찬양이 울려 퍼지며 기도가 있고 선교가 있지만—모든 것이 예수 그리스도의 주도하에 일어납니다. 공동체가 존재하는 그곳에서 이루어진 우리의 만남은 예수 그리스도의 역사하심으로 인한 결과입니다. 그곳에는 하나님 자신의 "모으시고 보호하시고 보존하심"이 있습니다. 교회의 설립과 그 보존은 오로지 그분에게만 의존해야 합니다. 그분이 계시지 않는 곳에는 아무것도 존재하지 않습니다. 모든 이단적이며 죽은 교회주의의 근거는 그곳에 그리스도가 더 이상 **유일한** 창시자로 이해되지 않는다는 데 있습니다.

그리고 "나는 그 무리의 살아 있는 지체이며 어디까지나 지체로서 머무를" 것입니다. 공동체의 살아 있는 지체라는 것은 그리스도인이라는 의미입니다. 그리고 여기에 비로소 교회 밖에 구원이 없다(extra ecclesiam nulla salus)라는 말이 아주 엄격한 의미에서 타당한 것이 됩니다. 하이델베르크 신앙문답이 한 사람 한 사람 그리스도인의 실존을 이른바 오로지 공동체의 실존에 대한 보충으로서만 언급하고 있는 사실은 아주 아름다운 진술이라 말할 수 있습니다. 그러나 다른 한편으로 여기서 비로소 한 사람 한 사람의 개인에 관계하는 것이 문제가 됩니다.

55문은 사도신조가 가진 교회라는 개념에 또 하나의 모습을 제시합니다. 내가 성령을 믿는다는 것은 내가 **성도의 교제**를 믿는다는 뜻입니다. 여기서 라틴어 sancti와 sancta의 문제가 발생합니다. 하이델베르크 신앙문답은 이 두 개의 가능성을 말하고 있다고 생각해도 좋습니다. 첫째 문장은 sancta(거룩한 것)를, 둘째 문장은 sancti(거룩한 자)를 지시하는 것으로 보입니다. 그리스도인 각 개인은 예수 그리스도 그분 그 자체라고 할 수 있는 은사에 완전히 참여하고 있습니다. 그리고 다른 한편으로, **각 사람은** "다른 지체들의 유익과 구원을 위해" 자신을 전적으로 내어주어 섬기도록 부름 받았으며, 바로 이러한 방식으로 모든 사람의 유익과 구원을 위해 섬기도록 부름 받았습니다.

제56문. "죄 용서"에 대해 당신은 무엇을 믿습니까?
답. 하나님은 그리스도의 보상으로 말미암아, 나의 모든 죄와 더불어 내가 평생 동안 싸우지 않으면 안 되는 나의 죄악의 본성까지도 더는 기억하지 않으실 뿐만이 아니라, 은혜로 말미암아 그리스도의 의를 나에게 베풀어주시고 내가 더 이상 결코 심판을 받지 않도록 하여주신다는 것을 믿습니다.

56문의 문답 내용은 다음과 같습니다. 나는 성령을 믿음으로써 예수 그리스도의 죽음으로 일어난 사실에 기초하여, 즉 하나님의 아들의 비하에 근거하여 나의 죄가 용서되었다는 사실을 신뢰할 수 있다는 것입니다. 하나님이 "나의 모든 죄를…그리스도의 속죄로 말미암아" 더 이상 결코 기억하지 아니하시고, 그 결과 "내가 더 이상 결코 심판을 받지 않도록 하여주신다"는 것입니다. 이 "더 이상 결코"라는 글귀에 포함된 절대성의 울림은 과거에 대한 모든 염려로 가득한 회고와 더불어 장래에 대한 모든 염려로 가득한 전망을 배제합니다. 여기에 누군가 의도적으로 하나의 제한을 두고자 하는 사람이 있다면, 그는 **하나님께** 그 정상성을 드리고자 결단하셨던 예수 그리스도의 지배를 결국 배반하는 것입니다. 이제 이 정상성이 힘을 발휘합니다. 모든 윤리는 이 죄 용서라는 조목에 기초를 둡니다. 이것에 의해 인간에게 계명이 주어집니다. 이 "더 이상 결코"라는 말은 푹신한 베개가 아닙니다. 오히려 이는 인간의 **감사**를 필연적으로 수반하는 예수 그리스도의 지배를 선포하는 말입니다. 믿음과 행위를 구별한다거나 분리하려고 하는 사람이 있다면, 그러한 사람은 여기서 결정적인 핵심을 이해하지 못하는 것입니다. 믿음이란 그리스도의 지배하심 아래에 서 있으며, 그와 동시에 순종의 질서 가운데 서 있다는 뜻입니다. 물론 이때 무엇보다 중요한 점은 우리가 하나님과 그 성령을 믿으며 어떤 추상적인 죄 용서를 믿는 것이 아니라는 것입니다.

제57문. "몸의 부활"은 당신에게 어떤 위로를 가져다줍니까?

답. 이 생명이 끝나면 나의 영혼이 머리 되신 그리스도께로 올려질 것이며, 나의 이 몸도 그리스도의 능력으로 다시 일어나게 되어 나의 영혼과 다시 결합되어 그리스도의 영광의 몸처럼 되리라는 위로를 줍니다.

57문과 56문의 관계는 영광의 신학(theologia gloriae)과 십자가 신학(theologia crucis) 간의 관계와 동일합니다. 성령을 믿음으로써 나는 예수 그리스도께서 획득하신 승리에 근거하여 **죄의 승리**를 확신할 수 있습니다. 나는 언젠가 죽을 것입니다. 그러나 나의 최후는 새로운 시작의 징조에 지나지 않습니다. 내가 설령 죽는다고 할지라도 살 것입니다. 우리는 하이델베르크 신앙문답이 여기서 영혼과 육체에 관해 말하고 있는 내용을 성경의 인간론 및 종말론에 대한 현대의 인식 상황에 따라서 이와는 다르게 수정할 수도 있을 것입니다. 그러나 여기서는 죽음을 통과하여 부활로 향해 나아가는 것을 말하고 있습니다. 즉 이 부활에서 그리스도의 영광의 몸의 형체와 같이 변화된다는 **전** 인간에 관해, 다시 말해 영혼과 육체에 관해 말하고 있습니다. 이것이 바로 결정적인 사항입니다. 여기서 파괴된 **인간의 정상성**이 다시 회복됩니다. 죽음은 인간의 최종적 파국을 의미하지 않습니다. 인간은 영원히 그리스도와 함께 살아갈 수 있습니다. 그것이 바로 인간의 정상성입니다. 인간은 이러한 장래를 향해 나아감으로써 위로를 받습니다. 예수 그리스도께서 함께하시는 나의 생명은 그분이 부활을 통하여 나와 우리 한 사람 한 사람에게 약속하신 것입니다. 이 사실에 근거하여 나는 매일 새로운 일을 행할 수 있습니다. 그리스도교적 희망에는 결코 제한이 있을 수 없습니다. 그것은 "그 어떤 것보다도 높은 생명"을 희망하는 행위가 아닙니다. 또는 우리가 죽은 후에 다시 처음부터 새롭게 시작하여, 하늘의 천사 학교를 다니면서 다시 한번 학교생활을 하지 않으면 안 되는 것과 같은 그런 두려운 관념도 아닙니다. 감사할 수밖에 없는 것은 그러한 것이 아닙니다! 그러한 것은 신약 성경적인 것이 아닙니다. 오히려 문제가 되는 점은 단적으로 **우리의 생명**입니다. 이 생명은 포기되거나 희생되지 않습니다. 오히려 이 생명은 **하나님** 앞에서 지금까지 **살아왔으며**, 현재 하나님 앞에서 살아가고 있는 것이고, 따라서 언젠가 하나님 앞에서 살아가야 하는 것입니다. 갓난아기 때부터 노인이 되는 시기에 이르기까지 인간은 그 생애 전부를 통하여 인간이며, 그 인간이 바로 부활의 대상입니다. 모든 것은 육체이며 본래 파괴되어야만 하는 것입니다. 우리는 참으로 파멸되어야 마땅합니다. 그러나 파멸은 일어나지 않았습니다. 오히려 이제는 이 생명 전체가 이 시간 속에서 그리스도의 영광의 생명과 "같은 것"으로 변화되며,

무(無)였던 것이 예수 그리스도의 부활로 말미암아 유(有)가 될 수 있게 되었습니다. 하나님은 우리를 향하여 "예"라고 말씀하여 주십니다. 그리고 이 "예"에는 더 이상 할인도 없습니다. 감사해야 하는 점은 부활이 교육이나 교육학 같은 것과는 전혀 무관하다는 것입니다. 그것은 "보시기에 심히 좋았더라"입니다.

제58문. "영원한 생명"이라는 조목은 당신에게 어떤 위로를 가져다줍니까?

답. 내가 지금 영원한 기쁨의 시작을 마음으로 느끼고 있듯이, 이 생명 다음에는 눈으로 본 적도 없고 귀로 들은 적도 없으며 사람이 마음으로 떠올릴 수조차 없는 완전한 축복을 받아 하나님을 영원히 찬양하게 된다는 위로를 줍니다.

영원한 생명은 부활의 **목표**를 가리킵니다. 인간에게는 "완전한 축복"이 약속되어 있습니다. 더욱이 그가 예수 그리스도와 연합된 채 하나가 되어 성령 안에서 살아가게 됨으로써 영원한 기쁨의 "시작"은 이미 여기서 그에게 주어졌습니다.

Die christliche Lehre
nach dem Heidelberger
Katechismus

제15장
하나님의 의와 믿음

제59-64문

그리스도 공동체의 지체로서 감사함으로 순종하고, 자신의 가치나 업적에 대해 그 어떤 요구도 바라지 않으며, 예수 그리스도의 죽음과 부활에 나타난 하나님의 의로운 역사하심의 목적이 나를 비롯한 모든 사람들을 위하여 성취되었다는 사실을 유일한 위로로 삼고, 더욱 강력하고 완전하게 그것에 기댈 수 있는 확신이 바로 믿음입니다. 믿음이란 이러한 내용을 가지기 때문에, 믿음만이 이러한 내용에 합당한 것이기 때문에, 믿음만이 칭의에 이르는 유일한 인간의 길이 됩니다.

제59문. 그렇다면 이러한 모든 것을 믿을 때, 당신은 어떤 도움을 얻습니까?
답. 내가 그리스도 안에서 하나님 앞에서 의롭다 여김을 받으며, 또한 영원한 생명의 상속자가 됩니다.

예수 그리스도 안에서 하나님의 의로운 사역, 실로 그러하기에 구원의 사역이 제2항의 내용입니다. 그러한 것이 모든 존재의 창조주이시며 주님이신 그분의 능력 가운데 일어났다는 사실을 제1항이 우리에게 가르쳐주고 있습니다. 그리고 그 주님께서 이러한 주님의 사역을 믿음으로 만날 수 있는 자유를 우리에게 허락하셨다는 사실을 제3항에서 읽게 됩니다. 우리는 59-60문을

53문에 대한 하나의 '미드라시'[1]로 이해할 수 있습니다. 다시 말해 우리는 성령을 믿음으로써 우리에게 믿음을 수여하시는 분을 믿는 것입니다. 나는 믿습니다(credo)라는 말은 "나는 하나님의 사역의 열매에 관여합니다"(20, 32, 34, 53, 65, 70문 참조), "나는 그리스도와 그분의 은혜에 참여합니다. 나는 지금 여기서 시간 가운데 살아가는 인간이지만, 동시에 이미 확신과 기쁨을 가지고 심판의 자리에서 선포될 칭의를 향한 도상에 있습니다"(52문)라는 의미입니다. 나는 믿기 때문에 그 믿음으로 나를 그곳에서 기다리고 계시는 심판의 주님이 나를 해방시켜주시리라는 사실을 알고 그 심판을 전망할 수 있습니다. 왜냐하면 믿음이란 우리에게 선포되는 하나님의 말씀이 진실하다는 사실을 마음으로부터 신뢰하는 것이기 때문입니다(21문). 따라서 믿음이란 최후의 심판 가운데 우리가 처할 상태를 먼저 **선취**하는 것입니다. 비록 여전히 나는 "인간의 비참에 관하여"라는 상태와 질서 가운데 살아가면서 자신이 항상 그러한 존재임을 인식할 수밖에 없지만, 나는 나에 대한 하나님의 정상성이 그리고 하나님에 대한 나의 정상성이 다시 회복되었다는 사실을 신뢰합니다. 나는 저 **종말**

---

1   '미드라시'라는 용어는 '찾다' '조사하다'라는 히브리어 '다라쉬'(darash)에서 파생된 명사로 성경에 담긴 내용과 사상을 연구하고 해석한다는 뜻이다.

이 진실하다고 믿으며 그것을 신뢰하기 때문에 종말을 선취합니다. 그리고 이 종말을 향한 도상 가운데 있음을 감사하며, 이 종말을 기대하고 바라봅니다. 나는 최후의 심판에서 나의 판결을 지금 이미 알게 되었습니다. 그것은 그리스도 안에서 이미 선포되었기 때문입니다. 최후의 판결문이 아직 내 손에 들어오지는 않았지만 말입니다.

제60문. 당신은 어떻게 하여 하나님 앞에서 의롭게 됩니까?
답. 오직 예수 그리스도를 믿는 참된 믿음으로만 그렇게 됩니다. 즉 나의 양심이 나를 향하여 너는 하나님의 모든 율법에 대해 극심한 죄를 범하였고 그것을 하나도 지키지 않았으며 지금도 여전히 끊임없이 모든 악으로 기울어져 있다고 책망할지라도, 하나님은 나의 어떠한 공로로 말미암지 않고 순전히 은혜로만 그리스도의 완전한 보상과 의와 거룩을 나에게 베푸시사 나의 것이 되게 하셔서, 마치 내가 그 어떤 죄를 범한 적도 없고 죄가 있었던 적도 없는 것처럼, 그리스도가 나를 대신하여 담당하신 모든 순종을 마치 내가 성취한 것처럼 여기십니다. 오로지 내가 이러한 은혜를 믿음의 마음으로 받아들일 때만 그렇게 됩니다.

59문과 60문은 하나의 윤곽을 만들어내고 있습니다. 믿음이란 심판에서 의롭다 함을 받게 될 자가 그 심판을 향하여 걸어가는 **도상에 있다**고 이야기하면서 동시에 믿음으로 이미 자신의 칭의를 확신함으로써 "하나님 앞에서 의로운" 자임을 말하는 것입니다. 신앙은 예수 그리스도의 공동체로 부름을 받았다는 인간의 확신입니다. 사적인 그리스도교는 존재하지 않습니다. 최후의 심판이 지극히 공적인 사항인 것과 마찬가지로 칭의에서의 우리의 상태도 "성도의 교제"(communio sanctorum) 안에 있는 하나의 존재로 여겨집니다.

제61문. 왜 당신은 오직 믿음으로만 의롭게 된다고 말합니까?
답. 그것은 나 자신의 믿음의 가치로 말미암아 하나님께서 기뻐하시는 것이 아니기 때문입니다. 그렇지 않고, 오로지 그리스도의 보상과 의와 거룩만이 하나님 앞에서 나의 의가 될 뿐이며, 오직 믿음 외에는 그것을 받을 수도 없고 자신의 것으로 할 수도 없기 때문입니다.

제62문. 그러나 왜 우리의 선행이 하나님 앞에서 의나 그 일부분조차 될 수 없는 것입니까?
답. 왜냐하면 하나님의 심판을 견딜 수 있는 의란 모든 점에서 완전해야 하며, 율법에 전적으로 일치되지 않으면 안 되기 때문입니다.

이 세상에서 우리의 아무리 고귀한 선행이라 할지라도, 그것들은 모두 불완전하며 죄로 오염되어 있기 때문입니다.

제63문. 그러나 우리의 선행이 그 어떤 가치도 없음에도 불구하고, 하나님이 이 세상과 내세에서 상을 주신다는 것은 무슨 뜻입니까?
답. 그 상은 공적에 의한 것이 아니라 은혜에 의한 것이라는 뜻입니다.

제64문. 그렇다면 이 가르침은 무분별하며 방종한 사람들을 만들어내지는 않습니까?
답. 그렇지 않습니다. 참된 믿음으로 그리스도에게 접붙임을 받은 자들은 감사의 열매를 맺지 않을 수가 없기 때문입니다.

사람의 믿음이란 사람을 어느 정도로 의롭게 하는 길이 됩니까? 사람의 칭의는 어느 정도로 이 길과 연결되어 있습니까? 우리는 여기서 "칭의는 오직 믿음으로"(sola fide)라고 하는 종교개혁적 인식의 중심에 서 있습니다. 이것은 어떤 것일까요?

이 경우 필연적으로 세 가지로 경계를 설정할 필요가 있습니다.

1) 믿음으로 사람이 의롭게 된다는 것은—설령 부분적이

라 할지라도!―그 믿는 자의 주체 안에 남아 있거나 새롭게 얻어
진 청정무구에 의한 것이 아닙니다. 또한 믿음은 환자를 건강하
게 만들어 하나님의 기쁨이 되게 하는 일종의 약도 아닙니다(칼
홀).[2] '칭의'라는 것이 사람들의 어떤 '선한 것'과 관계를 가진다
고 생각하는 이러한 모든 생각은 반드시 거부되지 않으면 안 됩
니다. 실로 종교개혁자들은 이를 거부하였습니다. 물론 믿음이
란 하나님의 선한 피조물의 태도**이며** 생활의 변혁**입니다.** 그러
나 그것은 구원받은 자라 할지라도, 아니 구원받은 자이기 때문
에 비로소 자기 자신이 5, 8, 13문에 나타나는 죄인과 동일한 자
임을 알고 있는 자로서 그 삶에 일어나는 변혁입니다. 왜냐하면
그리스도를 믿는 사람만이 "인간의 비참"을 알기 때문입니다. 따
라서 믿음으로 의롭다 함을 받는 것은 믿는 사람이 아직 죄인이
아니라든지 더 이상 죄인이 아니라든지라는 이유와 의미에서가
아닙니다(60문 전반). 믿는 자는 죄인**이면서** 동시에 의로운 자입
니다.

  2) 믿음으로 사람이 의롭게 된다는 것은, 설령 부분적이라

---

2   Karl Holl(1866-1926)은 독일 프로테스탄트 신학자로서, 트뢸치와 함께 근대
     독일 신학에 가장 큰 영향력을 끼친 교회역사학자 중 한 사람이다. 그는 루터
     르네상스의 주도적인 역할을 하면서 칭의론을 윤리화하려고 노력했다. 하여
     루터파 신학과 하나님의 개념을 양심의 종교로 간주하였다. 여기서는 그의 "로
     마서에 관한 루터 칭의론"에 관해 바르트가 지적하고 있는 것처럼 보인다.

할지라도, 그 사람이 감사함으로 새로운 선한 삶을 살게 된다는 이유 때문이 아닙니다. 본래 믿음은 그러한 생활을 만들어냅니다. 믿음이 있는 사람은 반드시 믿음으로 선한 행위를 할 것입니다. (참조 64문. "참된 믿음으로 그리스도에게 접붙임을 받은 자들은 감사의 열매를 맺지 않을 수가 없기 때문입니다.") 또한 그러한 선한 행위가 언제까지나 상을 받지 못한다는 것도 아닙니다(63문). 그러나 우리가 무엇을 믿어야 할까 자문하여 본다면, 우리는 결코 자신의 "선한 행위"를 가리킬 수는 없습니다. 그러한 "선한 행위"로는 우리가 하나님 앞에 설 수 없습니다. 하나님 앞에서 통용되는 의는 "하나님의 율법과 전적으로 일치하는 것"(62문)이어야만 합니다. 그런데 우리는 우리의 선한 행위에도 불구하고 항상 "본성적으로 하나님과 나의 이웃을 미워하는 성향이 있습니다." 따라서 우리는 은혜에 의해서, **오로지 은혜에 의해서만** 하나님께 받아들여집니다.

3) 믿음으로 사람이 의롭게 된다는 것은─설령 부분적이라 할지라도!─그 사람 안에 깃들어 있는 어떤 **성질** 때문이 아닙니다. "나 자신의 믿음의 가치로 말미암아 하나님께서 기뻐하시는 것이 아닙니다"(61문). 본래 믿음이란 하나의 인간적인 행위이기도 합니다. 믿음 안에 있어도 여전히 **인간적인** 작용과 반작용의 영역에 있으며, 따라서 그 영역 특유의 모든 문제성 가운데서 우

리는 살아갑니다. 그렇기 때문에 오히려 신앙인은 자기 자신으로 부터는 믿음이 생겨날 수 없으며, 오로지 성령의 사역에 의해 믿음이 생겨난다는 사실을 알게 됩니다. 인간은 오직 믿음 안에서만 하나님이 의로우시며 자신은 의롭지 못함을 고백하게 됩니다.

믿음으로 사람이 의롭게 되는 것은 믿는 사람이 **그리스도 공동체**에 주어진 **약속**에 자신의 몸을 맡기기 때문입니다. 그리스도 공동체란, 하나님의 계획과 뜻이 모든 사람을 위해서 성취되고 예수 그리스도 안에서 그 목표가 이루어졌다는 사실을 알고 있는 사람들의 모임입니다. 믿는 사람은 예수 그리스도가 "우리를 위해서 그곳에 계신다"(46문)라는 것, "그분이 하늘에 계신 아버지 앞에서 우리를 위하여 중보하시는 분이 되어주신다는 것"(49문)을 보고 믿는 사람입니다. 믿는 사람은 하나님의 의로운 심판을 신뢰합니다. 그리고 하나님에 대해 "예"라고 말하며, 더 이상 불평하지 않고 하나님과 평화 가운데 살아갑니다. 따라서 그러한 사람은 하나님을 올바르다고 말하는 사람이며, 실로 그렇게 함으로써 동시에 하나님 앞에서 올바른 사람이 됩니다. 이처럼 믿는 사람이란 여전히 도상에 있지만 그럼에도 불구하고 이미 목표에 도달한 사람이며 그리스도 가운데 있는 사람입니다.

사람의 믿음이 그 사람을 의롭게 하는 것이 아니라, 그 신앙의 대상과 내용이 그 사람을 의롭게 합니다. 그 대상은 인간에게 주어진 하나의 선물입니다. 그것은 오로지 믿는 사람만이 받을 수 있고, 승인할 수밖에 없으며, 신뢰할 수밖에 없는 은혜입니다. 이러한 태도는 하나님이 우리에게 주신 하나님의 자유로운 인자하심에 대응하는 것입니다. 왜냐하면 이러한 태도가 있어야 비로소 "내가 그 어떤 죄를 범한 적도 없는…것처럼"(60문) 하나님께 영광을 돌려드리며, 하나님의 칭의의 선물을 받아 누릴 수가 있기 때문입니다. 그것은 "신앙의 대담한 행위"입니다. "의인은 그 믿음으로 말미암아 살리라." 믿음과 그 대상 사이에는 실로 하나의 객관적인 대응이 존재합니다. 믿는 사람은 자신의 믿음을 자랑하려고 생각조차 하지 않습니다. 그러나 그는 하나님이 자신을 기뻐하고 계신다는 사실을 받아들이며, 실로 그렇게 받아들일 것입니다.

이렇게 하여 **믿음이** 그리고 **믿음만이** 심판에서 사람이 의에 이르게 할 수 있습니다.

Die christliche Lehre
nach dem Heidelberger
Katechismus

제16장

세례와 성찬에서의 하나님의 의

제65-68문

예수 그리스도 안에서 행하신 하나님의 의로운 사역에 대한 사건적 증표는 세례와 성찬이라는 행위입니다. 이러한 행위에서 그리스도인은 자신의 믿음의 확증을 보여주고 또한 확증받을 수 있게 됩니다. 따라서 공동체는 예수 그리스도 안에 그 기원을 가지며, 그분으로부터 나오는 생명의 확증을 보여주고 또한 확증받을 수 있게 됩니다.

제65문. 오직 믿음만이 우리를 그리스도와 그의 모든 은혜에 참여하게 한다면, 그러한 믿음은 어디에서 오는 것입니까?
답. 성령이 우리 마음에 거룩한 복음의 설교를 통하여 그것을 일으키시고 성례의 집행을 통하여 그것을 확증시켜주십니다.

우리는 이제 여러 의미에서 하이델베르크 신앙문답의 주목할 만한, 아주 관심을 끄는 **"성례에 관해"**라는 장에 이르게 되었습니다. 이 장의 서론격인 65문은 처음부터 하나의 문제를 제기합니다. 이 문답은 성령께서 믿음을 **일으키시고 확증하신다**고 가르칩니다. 그리하여 우리는 다음 장에서 설교에서 이루어지는 성령의 사역에 관한 설명이 이어질 것을 기대하게 됩니다. 그런데 그런 언급은 없습니다. 오히려 20문항에 이르는 본 장을 통하여 성례의 집행에 의한 "확증"에 관한 내용만 언급되고 있습니다. 그렇다면 로마서 10:17의 "믿음은 들음에서 나며"가 증언하듯이, 종교개혁자들이 전적으로 신뢰했던 복음 설교를 들음에서 난다는 믿음에 관한 가르침은 어디로 사라진 것입니까?

주목할 만한 이 문제에 관한 설명은 첫째로 단순하게 역사적인 방법으로 진행하지 않으면 안 됩니다. 세례와 성찬에 관한 설명은 전통적으로 교회의 신앙문답에서 중요한 장을 차지합니다. 종교개혁 시대에는 한편으로는 로마 가톨릭과의 대결에 의해서, 다른 한편으로는 루터파의 성찬론과의 대결로 말미암아 이 부분에 대한 특별한 주의가 필요했습니다. 그러나 그런 점을 고려하더라도, 이 장이 하이델베르크 신앙문답의 배열 가운데 차지하는 위치는 아주 당돌하며 조화롭지도 못합니다. 설교와 선교 그리고 가르침에 있어서 하나님 말씀에 대한 특별한 교리는 어디로 가버린 것인지 의문이 생겨나지 않을 수 없습니다.

하이델베르크 신앙문답은 "그러한 믿음은 어디에서 오는 것입니까?"라고 물으면서 사람이 의롭게 되는 믿음에 관한 문답을 성례로 연결시키고 있습니다.

성령은 설교에 의해 우리 마음에 믿음을 **일으키시고**(53, 19, 21문 참조), 성례의 집행으로 그 믿음을 **확증해주십니다.** 이것이 문제에 대한 답변입니다. 설교를 수반하는 성례 사역에 관한 언급도 전혀 없습니다. 물론 성례가 설교를 대신할 수 있다고도 말하지 않습니다. 단지, 여기서는 하나의 새로운 광경이 전개됩니다. 여기서는 믿음의 또 하나의 유래에 관해 말하고 있습니다. 이 유래는 설교처럼 믿음을 일으키는 것이 아니라 믿음을 보증하는 근거를 말하고 있습니다. 따라서 그것은 이미 믿음을 가지고 있다는 사실을 전제합니다. 성례는 거룩한 "표식"(Wahrzeichen)이며 "인장"(Siegel)입니다. 그 확증도 사람의 행위가 아니라 성령의 역사입니다. 신적 확증(confirmare)이라는 것이 존재하는데, 이 확증은 믿음을 일으키는 사역보다 조금도 열등하지 않으며 아주 긴급한 것이고 없어서는 안 되는 것입니다.

제66문. 성례란 무엇입니까?

답. 그것은 하나님에 의해 제정된 눈에 보이는 거룩한 표식이며 인장으로서, 하나님은 그 집행을 통해 복음의 약속을 우리에게 보다 잘 이해시켜주시고 각인시켜주십니다. 그 약속이란 십자가에서 성취하신 그리스도의 유일한 희생으로 말미암아 하나님이 은혜로 우리에게 죄 용서와 영원한 생명을 부어주신다는 것입니다.

성례는 **선교의 특별한 형태**입니다. 물론 "성례"라는 것이 신학적으로 아주 번거로운 개념이 되어버렸고, 잘못된 생각으로 유혹하기도 하기 때문에 이것을 삭제하는 것이 좋지 않을까라고 자문을 할 수도 있을 것입니다. 신약성경은 "성례"라는 말을 사용하지 않습니다. "세례"와 "성찬"이라는 말만 등장합니다. 세례와 성찬은 **공동체의 예전**이며, 예수 그리스도 안에서 하나님이 행하시는 의로운 행위 사건에 의거한 증표입니다. 나는 이 "사건에 의한 증표"라는 표현을 불가견적 은혜의 가견적 상징(gratiae invisibilis visibilia signa)이라는 아우구스티누스의 고전적 정의보다도 더욱 중요하게 여기고자 합니다. 그것은 "상징"(Zeichens)이라는 개념이 "상징에 불과하다"라는 식으로 경시될 위험이 있기 때문입니다. 여기서 말하고자 하는 바는 공허한 상징이 아니라 충만한 상징임을 우리는 알아야 합니다. 무엇보다도 "상징"이라는 개념이 사람을 미혹하는 이유는 사람이 어떤 증표적인 것을 생각함으로써 그 개념으로 하여금 "res"[사크라멘툼의 내용]에 대한 잘못된 대조를 일으키기 때문입니다. 그러나 여기서 문제가 되는 것은 어떤 사물이 아니라 공동체가 그 가운데 함께하는 하나의 **행위**입니다. 만약 그렇지 않다면 설교와 성례는 서로 어울리지 않는 기묘한 모습으로 대립하게 됩니다. 설교는 하나의 사건(geschichte)이며 말씀에 의한 사건입니다. 마찬가지로 세례와 성찬은 행위에 의한 사건입니다. 따라서 이 양자는 의미심장한 방식으로 함께 일체를 이루고 있습니다.

제67문. 그렇다면 말씀과 성례라는 이 둘은 우리의 믿음을 우리의 구원의 유일한 토대가 되는 예수 그리스도의 십자가에서의 희생으로 향하도록 하기 위한 것입니까?

답. 그렇습니다. 왜냐하면 성령이 복음에서 가르치고 성례를 통해서 확증하는 까닭은 우리를 위하여 십자가에서 행하신 그리스도의 유일한 희생에 우리의 구원 전체가 달려 있기 때문입니다.

1. 세례와 성찬은 독립적으로 활동하는 힘과 같은 것이 아닙니다. 그 결과 사람이 그 효과를 <u>행한 그 행위에 의해서</u>(ex opere operato) 받게 되는 것이 아닙니다. 설교와 동일하게 그것들은 성령의 자유로운 사역의 능력으로 어떤 것을 지시하는 **매개**입니다.

2. 그러나 세례와 성찬이 매개라고 하는 것은 그것들이 뭔가 설교에 의한 매개와는 대조가 될 만한 어떤 특별한 은혜를 매개한다는 의미가 아닙니다. 설교와 마찬가지로 성례에서도 문제의 중심은 예수 그리스도의 유일한 희생이며, 이것이야말로 말씀 **및** 성례에서 제시되고 있는 것의 근저입니다. 세례와 성찬에서 문제의 중심은 예수 그리스도 안에서 행하시는 하나님의 의로운 사역이며, 그분의 죽음과 부활이고, 죄 용서와 영원한 생명입니다. 그 이하도 그 이상의 것도 아닙니다!

3. 세례와 성찬에서 이른바 "성찬 요소"[빵과 포도주]에 의해 유일한 은혜가 매개되는 것이 아닙니다. 공동체의 행위 안에서 그 "성찬 요소"가 사용됨으로써 매개되는 것입니다.

4. 이것[성찬 요소]의 사용은 결코 어떤 독립된 하나의 효과나 교리가 아닙니다.

따라서 설교에 의해 생성된 믿음을 **보증하는 것**이 문제의 중심입니다. 성례는 사적인 사항이 아니라 공동체에 속한 것입니다. 개인의 믿음과 결집된 공동체의 믿음은 하나의 확증을 가져야 합니다. 다시 말해 시발적 사크라멘툼(sacramentum initiationis)이라 일컫는 세례는 믿음의 **기원**을 새롭게 확증합니다. **영양적 사크라멘툼**(sacramentum untritionis)이라 부르는 성찬은 믿음의 **존속**을 새롭게 확증합니다. 이와 같이 이미 확립된 믿음의 기초 다지기와 지속적인 믿음의 갱신을 확증함으로써 기쁨과 확신이 가득하게 될 것입니다. 이처럼 세례와 성찬은 그리스도 공동체가 살아가야 할 장소를 표시해 보여줍니다.

믿음은 자기 자신을 토대로 서 있는 것이 아니라 하나님의 의로운 사역을 토대로 서 있습니다. 설교를 통해 믿음을 일으켜 세우시는 성령께서 동일하게 우리를 위해 하나님의 의로운 사역의 실제성을 확증하시고, 동시에 설교에 앞서 계속되는 예전

즉 세례와 성찬에 의해 우리 믿음의 실제까지도 확증하여주십니다. 신앙하는 공동체와 신앙하는 개인은 그들이 설교에 관계하는 것과 동일하게, 이러한 예전에서도 주체와 객체로서 동시에 행위하고 수령하는 관계를 맺습니다. 믿음의 창조에서와 같이 이 믿음의 확증에서도 문제의 중심은 성령의 사역입니다. 오로지 성령만이, 다시 말해 하나님 자신만이 이러한 예전을 "사건에 의한 확증"이 되게 하실 수 있습니다. 세례와 성찬 그 자체는 다른 많은 사물과 현상처럼 피조적이며 인간적인 것들입니다. 이러한 것이 그 자체 안에서 또한 그 자체에 의해서 어떻게 사역이 가능합니까? 성령 하나님 자신이 이러한 예전에 의해서 하나님의 실제를 우리를 위해 확증시켜주십니다. 하나님은 공동체의 기초를 놓으시고 그 공동체를 갱신하십니다. 하나님은 말씀 형태와 실제 형태로 구속받으시는 분은 아니지만, 이러한 형태를 통해 사역하십니다. 이러한 두 형태를 다르게 평가하는 것은 무의미합니다. 성례는 사건에 의한 확증입니다. 설교와 다른 형태라는 의미에서 성례는 우리에게 복음의 약속을 "보다 잘 이해시켜"(66문)줍니다. 세례와 성찬을 집행함으로써 공동체는 성령에 의한 믿음의 확증을 보여주고 수령하게 됩니다. 실로 그것을 위해 세례와 성찬을 "하나님께서 제정하신 것"입니다. 이것만 세례와 성찬에 관해 말할 수 있습니다.

제68문. 그리스도께서 새 언약에서 제정하시는 성례는 몇 가지입니까?

답. 두 가지입니다. 거룩한 세례와 성찬입니다.

세례와 성찬은 공동체가 존재하는 가운데 그것과 함께 제정됩니다. 이러한 것은 없어도 그만이라고 생각하거나 이에 관해 과도한 경건을 주장하는 사람, 이른바 신비주의라 일컫는 모든 다양한 자들에게 세례와 성찬이란 무근거한 것이 될 뿐입니다. 그러한 사람은 자기 믿음의 확증 문제에 관해 정말 관심이 없어도 괜찮은 것인지 주의하는 편이 좋을 것입니다. 또한 본인이 그런 경우에는 자기가 필요로 하는 은사를 오로지 감사함으로 받을 수 있음에도 불구하고 그것을 거부하고 있지 않은지 주의하는 편이 좋을 것입니다.

K

Die christliche Lehre
nach dem Heidelberger
Katechismus

B

제17장
세례의 증표로 믿음의 기초 세우기

제69-74문

세례는, 그리스도인이란 예수 그리스도의 죽음과의 교제 안으로 이미 들어가 있으며, 이에 따라 단호하게 자신의 믿음을 확신하고 그 믿음 안에서 자신의 죄 용서를 확신할 수 있다는 사실이 그리스도인에게 사건으로 증언되는 예전입니다.

세례란 나는 **그리스도인**이라 부름 받기에 합당한 사람일까라는 문제에 대한 하나의 답변 형태입니다(32문). 나는 그리스도인이며 그리스도와 그 공동체의 한 지체로서(55문), 하나님의 의로운 사역의 열매에 믿음으로 참여하고 있습니다. 나는 믿음으로 그리스도의 기름 부으심에 참여한 그리스도인입니다. 그런데 정말 나는 **믿고 있는** 것일까? 나는 칭의를 지나서 심판을 향한 도상에 있는 것일까?(59-64문) 이는 불분명한 문제입니다. 오히려 60문의 첫 부분에 기술되어 있는 것처럼 다양한 **반대 의견들이** 있습니다. 만약 이러한 것이 타당하여 그것을 믿음 안에서 고백할 수밖에 없다면, 나의 믿음은 어떠한 모습일까? 나의 믿음은 약속을 이해하고 있지만 그 약속을 굳게 잡고 있는 것일까? 믿음의 확증에 관해 언급할 때 크든 작든 다양한 의혹의 형태로 표현 가능한 의심들을 극복하려는 의미에서 하이델베르크 신앙문답이 그렇게 하는 것입니다. 그것은 근본적으로는 극히 엄숙한 것이지만, 다른 한편으로는 전혀 엄숙하지 않은 이러한 문제에 대한 극복을 의미합니다. 이러한 확증은 오로지 하나님의 말씀이 가져다주는 새로운 선물이 **사건**이 되고 성령을 새롭게 수령하는 것이 사건이 됨으로써만 가능한 일입니다. 만나가 매일 하늘로부터 내려오듯이, 그리고 매일 내려오지만 다음 여정에 필요한 만큼만 내려오듯이, 믿음도 끊임없이 반복적으로 우리에게 주어집니다.

'오소서! 창조의 주 성령이시여!'(Veni creator Spiritus!)라는 탄원과, 의인이 믿음으로 살리라는 사실에 대한 감사의 기쁨 사이에 놓인 사건의 본질은 '모든 것이 완성되었다'는 것입니다. 이것이 우리가 신뢰하는 바입니다. 당신이 필요로 하는 것은 여기에 **있습니다.** 당신은 그리스도인**입니다.** 당신은 칭의를 통해 심판을 향하는 도상에 **있습니다.** 당신은 그리스도의 죽음과의 교제 가운데 **있습니다.** 당신은 자신의 믿음을 확신하여도 좋습니다. 단호하게 확신하여도 좋을 것입니다. 그리스도는 **당신을 위해서도** 죽으시고 부활하셨습니다. 이것이 우리 믿음의 확증입니다.

그러나 이것은 내가 자신에게 말하는 것입니까? 내가 나에게 설교를 하고, 나 자신이 그것에 '아멘'이라 말하는 것입니까? 아닙니다. 그렇지 않습니다. 내가 받는 **세례**라는 사건에 의한 증표에서 이러한 모든 것이 **나에 대해** 타당하다고 나에게 선포되고 **있는 것입니다.** 이제 나는 이 말씀을 받은 한 사람으로서 살아갈 수 있습니다. 이것은 내가 육체적으로 살아가는 것과 동일하게 (완전히 동일하게 실제적이며 그리고 보다 더 실제적으로) 틀림이 없는 사실입니다. 나는 세례를 받고 그리스도의 몸에 접붙임을 받아 그 가운데 있습니다. 나의 믿음은 나 자신이 확증한 믿음이 아니라 이러한 객관적인 근거에 기초한 믿음이기 때문에, 자기 자신 가운데 객관적으로 확증된 믿음입니다. 내가 받는 세례가 나에게 이를 확증합니다.

제69문. 십자가에서의 그리스도의 유일한 희생이 당신에게 유익이 됨을 거룩한 세례에서 어떻게 깨닫고 확신합니까?

답. 그리스도께서 물에 의한 외형적인 씻음을 제정하시면서 약속하신 바는 나의 영혼의 더러움, 즉 나의 모든 죄가 이분의 피와 성령에 의해서 확실하게 씻음 받는다는 것입니다. 이는 내가 몸의 더러움을 제거하기 위하여 물로 외부를 깨끗하게 씻는 것과 동일할 정도로 확실함을 의미합니다.

제70문. 그리스도의 피와 성령으로 씻음을 받는다는 것은 어떤 뜻입니까?

답. 그리스도께서 십자가에서 행하신 희생에서 우리를 위해 흘리신 피로 말미암아 하나님으로부터 은혜로 죄 사함을 받는다는 뜻입니다. 그리고 더 나아가 성령으로 새롭게 되어 그리스도의 지체로 거룩하게 되고 날이 갈수록 죄에 대해 죽고 보다 거룩하고 흠 없는 삶을 살게 된다는 뜻입니다.

세례는 "씻음"(딛 3:5)이며, "씻어버림"(행 22:16)입니다. 로마서 6:4―이 구절은 하이델베르크 신앙문답이 언급하지는 않지만―은 세례를 물이라는 죽음의 원소 안에서 장사되는 사건 곧 인간의 죽음으로 증언하고 있습니다. 이처럼 사람이 침수되는 것은 그리스도의 죽음과 유사(homoioma)한 것입니다. 이는 예수 그리스도가 죽으시고 장사됨으로써, 그분 안에서 그분과 함께 나의 옛 자아도 장사됨으로써 새로운 사람으로 살아가기 위한 것임을 의미합니다. 죄인 된 존재의 주체로서 나는 그곳에서 죽어버린 것입니다. 그리고 그 증표로 나는 그분의 죽음과도 같은 "유사" 가운데서 세례를 받았습니다. 이 "유사"가 예전으로서, 나는 씻음 받아 그리스도의 지체가 되었다는 사실을 나에게 확증시키는 나의 삶의 사건이 됩니다. 나는 은혜를 단순히 약속받은 사람일 뿐만 아니라 그것을 받은 사람입니다. 이 사실에 의해 나는 살아갈 수 있습니다. 그리고 이것이야말로 세례가 "일으키는" 것은 아니지만 나에게 확증하는 사항입니다.

깨끗이 씻는 이 사건이 나의 삶 가운데 분명히 일어나는 것처럼, 나는 세례를 받았다(Baptizatus sum)라는 사실 또한 확실합니다. 그리고 내가 이 사실을 확신할 수 있듯이, 이 씻음을 통해 확증되는 것, 즉 성령으로 말미암아 "나는 거듭났다"(Renatus sum)라는 중생의 실재성 역시 확실하다는 뜻입니다. 이는 작은 것에서 큰 것으로(a minori ad maius) 나아가는 것과 같습니다. 이 "거듭남"에 관해 70문이 말합니다.

제71문. 우리가 세례에서 물로 깨끗이 씻음을 받는 것 같이, 그분의 피와 성령에 의해서 확실히 깨끗이 씻음을 받는다는 것을 그리스도는 어디서 약속하셨습니까?

답. 세례를 제정하시는 곳에서, 그것은 다음과 같이 기록되어 있습니다. "그러므로 너희는 가서 모든 민족을 제자로 삼아 아버지와 아들과 성령의 이름으로 세례를 베풀라."[1] "믿고 세례를 받는 사람은 구원을 얻을 것이요 믿지 않는 사람은 정죄함을 받으리라."[2] 이 약속은 성경이 세례를 "중생의 씻음" 또는 "죄를 씻음"으로 부르는 곳에서 거듭 나타납니다.

---

1   마 28:19.
2   막 16:16.

세례와 거듭남 사이에 이러한 관계를 만들어 내는 것은 결코 어떤 아름다운 습관 같은 것이 아니라, 그리스도의 약속 다시 말해 마태복음 28:19에 그리스도께서 세례를 제정하시는 그것에 근거를 둡니다. 물론 나는 신약성경의 세례 제정에 관해, 논의의 여지가 있는 성경 본문보다 예수님의 요단강 세례에서 그 근거를 찾아야 한다고 제의합니다. 우리가 예수님의 이름으로 세례를 베풀 때 우리는 그 **장소에** 눈길을 돌리지 않으면 안 됩니다. 왜냐하면 그분의 생애에서 그 세례는 그분의 죽음과 "유사"한 것이고, 죄 있는 인간과 그분의 연대성의 최초의 발단이 바로 그곳이기 때문입니다. 우리는 그리스도의 죽음 가운데로 세례를 받는 것입니다. 고대의 세례반(洗禮盤)에는 그 밑바닥에 요단강에서 그리스도가 세례를 받는 광경이 선명하게 묘사되어 있었습니다. 그 점은 이 사항을 아주 구상적으로 명료하게 밝혀주는 것이라 할 수 있습니다.

제72문. 그렇다면 외적인 물로 깨끗하게 씻음이 죄를 깨끗이 씻는 그 자체가 되는 것입니까?
답. 아닙니다. 오직 예수 그리스도의 피와 성령만이 우리를 모든 죄에서 깨끗이 씻어주실 수 있습니다.

제73문. 그렇다면 성령은 왜 세례를 "중생의 씻음(Bad)"과 "죄의 씻음(Abwaschung)"이라 부르는 것입니까?

답. 하나님께서 그렇게 말씀하시는 데는 큰 이유가 있습니다. 다시 말해 마치 몸의 더러움을 물로 제거하듯이, 우리 죄가 그리스도의 피와 성령에 의해서 제거된다는 사실을 우리에게 가르쳐주시고자 하기 때문입니다. 뿐만 아니라 우리가 물로 실제로 깨끗하게 씻듯이 우리 죄가 영적으로 깨끗이 씻겨진다는 사실 또한 실재라는 것을 하나님은 이 신성한 담보와 증표를 통해 우리에게 보증해주시고자 하기 때문입니다.

상기의 두 문답은 **성례와 그 사항 그 자체** 간의 관계를 명료하게 밝히려고 노력합니다. 세례의 의의와 실재는 물의 씻음과 거듭남의 관계 가운데 있으며, 증표로서의 사건이라는 세례의 실제적 성격 안에 존재하고, 두 개의 사건이 **하나**(73문)이면서 동시에 두 개로서(72문) 그 실효를 가지는 표식(significare) 안에 있습니다. 물론 이러한 관계를 만드신 것은 하나님이십니다. 따라서 세례는 주체가 될 수 없습니다. 그것은 아무것도 "하지"않습니다. 오로지 성령이 세례를 통해 무언가를 행하시는 것입니다. 만약 우리가 16세기에 거론된 세례론의 전문용어에 관한 논쟁에 들어간다면, 주어진 상징과 함께 그것이 의미하는 표식

(significare)에 관심을 가져야 합니다. 여기서 지상적 요소가 사용되지만 그것은 실효적인 표식(significare)이며 뭔가를 실제적으로 가리키는 상징입니다. (79문의 "그리스도께서 그렇게 말씀하시는 데는 큰 이유가 있습니다"를 참조.) 이 일치는 "성례적 일치"(unio sacramentalis)로서 이해하지 않으면 안 됩니다. 내가 실제로 세례를 받은 것처럼, 그래서 내가 세례를 받은 것이 확실한 것과 같이 내가 그리스도와의 교제에 참여하게 되었음 또한 확실하며, 이에 따라 내가 그리스도의 죽음 안에서 죄를 용서받았고, 나는 그것을 참으로 믿고 있으며, 내가 믿고 있는 이 사실 즉 내가 하나님에 의해서 이 도상에 서 있게 되었다는 사실을 단호하게 확신할 수 있습니다. 무언가 그 이상의 말과 같은 것이 아니라 우리의 실존에 대해 일회적으로 일어난 이러한 **사건이**, 이 **예전이** 이것을 확증합니다. 사실 세례에서 만나게 되는 것은 어떤 별다른 것이나 그 이상의 설교나 가르침이 아닙니다. 아우구스티누스가 말하는 "눈에 보이는 말씀"(verbum visibile)이라는 표현이 위험한 것은 그러한 오해를 불러 일으킬 수도 있기 때문입니다. 세례와 성찬에서도 선교가 행하여집니다. 그러나 "그것만이 아닙니다. 오히려 하나님은 이 신성한 담보와 증표를 통하여 우리에게 **보증**해주시고자 합니다." 여기의 "그것만이 아니라…오히

려"³라는 어구를 그냥 지나치시면 안 됩니다. 처음부터 우리는 믿음의 영역에 있고, 이에 따라 하나님 말씀의 영역에도 있습니다. 그리고 세례가 하나님 말씀의 하나의 형태 외의 그 어떤 것도 아니라는 점은 당연한 것입니다. 그러나 세례는 실로 그 특별한 형태로 말미암아 우리가 확신할 수 있는 담보가 됩니다. 자신의 세례를 돌아보시길 바랍니다. 내가 믿고 있는지 아닌지, 또한 믿는 것이 가능한지 아닌지와 같은 것은 나에게 전혀 문제가 될 수 없습니다.—그런 의문은 이 점에서 보면 바보스런 것입니다!—내가 신앙인**이라는** 것을 나에 대해 세례가 단적으로 증언하기 때문입니다.

제74문. 유아들도 세례를 받아야 합니까?
답. 그렇습니다. 왜냐하면 그들도 어른과 같이 하나님의 언약과 그 공동체에 속하여 있으며, 그리스도의 피로 말미암아 죄로부터 구원과 믿음을 가져다주시는 성령이 어른들 못지않게 그들에게도 약속되어 있기 때문입니다. 따라서 그들 역시 언약의 상징으로서 세례를 통하여 그리스도 교회에 접붙임을 받아 불신자의 유아들과 구별됩니다. 이는 구약에서는 할례를 통해 행하여졌지만, 신약에

---

3   73문에 나오는 nicht allein…sondern vielmehr을 말함.

서는 세례가 그것을 대신하여 제정되었습니다.

이 문답은 당돌합니다. 세례는 예수 그리스도의 피와 성령으로
말미암아 그 기원이 확실하며, 따라서 그것에 의해 믿음의 확증
과 확립이 보증됩니다. 이 경우 자신의 믿음을 고백하고 세례받
기를 **원하는, 믿는 사람**이 전제되어야 합니다. 그런데 지금까지
이야기해왔던 것과는 분명히 모순되게 갑자기 유아(infantes) 세
례에 관한 언급이 등장합니다. 사실 고(古)-프로테스탄티즘[4] 신
학 전체(칼뱅조차도)에서 유아세례는 이처럼 예기치도 않은 근거
없는 방식으로 취급되어왔습니다. 다시 말해 지금까지 주장해왔
던 세례에 대한 기본적인 표식, 특히 수세자의 믿음이 갑자기 불
문에 부쳐져버린 것입니다. 그 이유를 물으면, 유아가 믿는다는
것은 이성적으로 받아들일 수 없기 때문이라고 합니다. 그렇다
면 여기서 "우는 아기"라는 그 자체가 죄인이 그 반항에도 불구
하고 성령에 사로잡혔다는 것을 의미합니까? 믿음은 세례를 통
해 유아에게도 매개될 수 있다는 겁니까? 아니면 다른 사람들의

---

4   고(古)-프로테스탄티즘은 16세기와 17세기의 개신교로, 교리사적으로는 종교
     개혁과 개신교 정통주의 시대를 말한다. 트뢸치가 신-프로테스탄티즘에 대비
     하는 용어로 사용하였다. 그는 중세와 종교개혁의 연속성을 강조하면서 종교
     적 원리가 인생과 사회의 모든 부분을 결정했던 중세적 방식에 지배된 개신교
     로서, 계몽주의 이후로 이러한 중세 원리가 불식된다고 주장했다.

믿음이, 말하자면 부모나 세례 입회자들의 믿음 또는 모인 회중의 믿음이 그것을 대신한다는 것입니까? 그렇다면 수세자의 믿음은 전혀 문제가 되지 않고 대리자의 믿음이 문제가 된다는 것입니까? 이런 모든 것들은 지금까지의 세례에 관해 가르쳐왔던 내용과 어떻게 관계를 가질 수 있습니까?

74문에는 그 자체로서 세 가지의 근거가 올바르게 언급되어 있습니다.

1. 유아든 어른이든 **하나님의 언약**에 속하며, 성령의 약속이 그들 모두에게 주어져 있다는 것은 옳습니다. 그러나 이 말에 의해서 믿지 않는 자, 따라서 자신의 믿음을 고백하지 못하는 자들이 공동체에 속해 있다는 뜻은 아닙니다. 공동체에 속한 살아 있는 한 지체가 **다른 사람들**의 믿음의 객체에 지나지 않는다는 것이 가능한 일입니까? 아니면 어린이는 하나의 그리스도교적 가정의 어린이들로서 공동체에 속한다는 것입니까?

2. 믿는 자들의 어린이가 다른 어린이들로부터 구별되지 않으면 안 된다는 말은 그들이 공동체의 지체가 된다는 것뿐만 아니라, 그리스도인의 부모에 의해 뭔가 특별한 것이 제공된다는 의미에서 구별된다는 뜻입니다. 그러나 그러한 이유 때문에 이런 어린

이들이 세례를 받아야 한다는 것에 관한 언급은 어디에도 없습니다.

3. 세례가 할례를 대신한다는 주장은 올바른 것입니다. 이 주장은 개혁파 교회에서 특별한 역할을 맡아왔습니다. 네덜란드 교회는 "계약"(Verbond)[5]이라는 용어로 하나님이 공동체가 아니라 그리스도교적 제 민족과 맺는 하나의 계약에 관해 말합니다. 우리가 이 개념을 펼친다면 "그리스도교적 서양"에 관해 말하게 될 것이며 세계 정치라는 측면이 전개될 것입니다. 그런데 교회가 진실로 그러한 "그리스도교적 세계"(Corpus christianum)와 동일시될 수 있습니까? 다음의 문제로 모든 것이 결정될 것입니다. 이스라엘이 제 민족 가운데서 할례라는 상징으로 구별되지 않으면 안 되었던 이유는 한 분이 이 백성의 한 사람으로부터 태어났기 때문이 아닙니까? 그리고 그것이 성취되고 그분이 오신 후에는 이 민족의 역사도 끝난 것이 아닙니까? 그렇다고 한다면, 그 후에는 거룩한 민족에 관해 말할 것이 무엇이 있겠습니까? 이스라엘과 교회는 각각 다른 것이 아닙니까? 그리고 우리는 새로운

---

5   자유교회(Freikirche)에 대응하는 용어. 국민교회에서 교회원의 가족은 각자의 의지와 관계없이 자동적으로 교회원이 되며, 이에 따라 국민 전체가 교회원이 되는 결과에 이른다.

언약의 공동체로 믿음에 근거하여 받아들여진 것이 아닙니까?
물론 이스라엘은 피에 근거하여 가족적이며 민족적 결합으로
구성되어 있습니다. 그러나 하나님의 자녀들의 결집은(참조. 요
1:12) 성령의 부르심에 의한 것입니다. 하나님의 자녀들은 한 사
람의 인간으로 자신의 의지에 의해 태어난 것이 아니라 모든 민
족으로부터 하나님 말씀에 의해 부르심을 받은 것입니다. 이 점
에서 교회사(kirchengeschichte)가 범하는 많은 오류 가운데 하나는
유대교적 이해를 가지고 그리스도교적 제 민족에 관해 말할 수
있다고 생각하는 것입니다. 교회는 더 이상 이스라엘이 아닙니
다. 이스라엘은 여전히 교회가 아닙니다. 하나님의 언약이 이러
한 이중적 형태를 가진다고 말할 수는 있습니다. 이것으로 세례
에 대한 할례의 논증은 힘을 잃었습니다. 오로지 확실한 바는 양
자 어느 쪽이든 언약의 상징이 있다는 것입니다. 그러나 그것은
다른 종류의 언약의 상징입니다. 이것은 이스라엘의 남성만이
할례를 받으며, 여성들은 세례를 받았다는 사실에 의해서도 증
명됩니다.

　　하이델베르크 신앙문답은 언급하지 않지만, 유아세례에 대
한 또 하나의 근거가 즐겨 사용됩니다. 즉 유아 세례야말로 "선
행하는 은혜"(gratia praevenies)의 놀라운 상징이라는 주장입니다.
그러나 종교개혁자들은 이 논증을 전혀 사용하지 않았습니다.

유아세례의 정당성이 증명될 때만 이 논증이 설득력을 가질 수 있습니다.

그러나 단적으로 말해서 유아세례를 집요하게 고수하려는 진짜 이유는, 만약 유아세례를 폐지한다면 교회가 갑자기 이상한 방식으로 허공에 내던져짐을 당하는 결과로 이어질 것이기 때문입니다. 그렇게 되면 우리 모두 한 사람 한 사람 자신이 그리스도인이라고 생각하는지 어떤지 결정하지 않으면 안 됩니다. 이 경우에 그리스도인이 실제로 어느 정도 존재할까요? 이것으로 말미암아 국민교회(Volkskirche)라는 생각은 흔들리게 될 것입니다. 그러나 그러한 일이 발생되어서는 안 됩니다. 그래서 사람들은 유아세례를 위한 여러 근거들을 거론하지만, 우리는 기본적으로 양심의 가책을 느끼기 때문에 설득력 있는 말을 못하는 것입니다. 성인 세례의 집행은 개혁을 필요로 하는 교회의 개혁 **그 자체**는 아닐 것입니다. 유아세례를 고집한다는 것은—물론 아주 중요하지만—교회가 살아 있지 않으며 용감하지도 않고, 베드로처럼 주님을 향해서 바다 위로 걸어가는 것에 불안을 느껴 난간을 찾고자 하는, 그러나 그것도 전혀 도움이 되지 못하는 기둥을 찾으려는 다양한 증상의 하나에 지나지 않습니다.

그러나 이러한 유아세례를 고수함으로써 발생하는 첫 번째 **귀결**은 "견신례"로 말미암아 세례의 가치가 상실되는 것입니다.

견신례에서 믿음으로 세례가 확증되지 않으면 안 됩니다. 따라서 세례에 선행되어야 했던 신앙고백과 세례 받기를 원하는 바람은 나중에 보완되었습니다. 말하자면 15년 후에 자신의 믿음을 확증하지 않으면 안 되었던 것입니다. 그것은 사실 불가능합니다. 그럼에도 불구하고 유아세례를 고수하려 한다면 어찌할 수 없습니다. 이런 경우 세례는 사실상 나중에 이어지는 견신례 없이는 불완전한 것일 뿐입니다.

또 하나의 귀결은 그리스도인으로서 자신의 존재를 조금도 문제 삼지 않는, 따라서 세례의 위로를 실제화하지 못하는 사람들이 모이는 **대중교회**(Massenkirche)가 필연적으로 형성될 수밖에 없다는 것입니다. 우리는 우리 교회 안에 흐르는 무관심과 세속주의의 흐름에 놀랄 필요가 없습니다.

그러나 이러한 모든 것들 때문에 수 세기 동안 집행되어왔던 세례를 진정한 세례가 아니었다고 말할 수는 없습니다. 세례의 집행이 어떠하든지 세례는 여전히 세례로 남아 있습니다. 여기서 논하고자 하는 것은 단적으로 **질서**(Ordnung)의 문제입니다. 실로 오늘날 새롭게 거론되는 유아세례 문제는 우리를 세례 집행의 올바른 질서에 관한 새로운 자각으로 인도합니다.

K

Die christliche Lehre
nach dem Heidelberger
Katechismus

B

제18장
성찬의 증표로서의 믿음의 갱신

제75-80문

성찬은 그리스도인이 예수 그리스도의 부활의 교제 안에 항상 존속되며, 이에 따라 자신의 부활에 대한 믿음 안에서 지속적으로 기뻐할 수 있다는 사실이 사건적으로(ereignismäßig) 증언되는 예전입니다.

성찬도 믿음 문제에 대한 하나의 해답입니다. 말하자면 오늘 지금 내가 믿고 있는데, 그럼에도 신앙인으로서 믿음 안에 **머문다**는 것은 어떤 것인가? 신약성경이 말하고 있듯이 믿음 안에서 서고 걷고 서둘러 달려가는 것이란 무엇인가? 한마디로 "**믿음 안에서의 생활이 어떻게 일어나게 되는가**"라는 문제에 대한 해답입니다.

　이러한 문제에 대한 해답은 이렇습니다. 당신이 믿음 가운데 머물고 서고 걷고 살아가는 것이 가능한 이유는 성령께서 당신에게 그렇게 할 수 있는 자유를 주셨기 때문입니다. "의인은 믿음으로 말미암아 살리라"(롬 1:17). 마치 광야에서 음식물을 받은 엘리야가 그 음식으로 힘을 얻어 호렙산까지 사십 주 사십 야를 달려갔던 것처럼, 의인은 자신의 길을 **걸어갑니다.** 죽은 자 가운데서 부활하신 예수 그리스도께서 "담보 보증"(Gegenpfand)으로 보내주신 성령의 자유와 기쁨 안에서(49문) 사람은 "달려가는 것입니다." 그것은 그리스도께서 "우리 몸의 몸"으로서 하늘에 계시기 때문입니다. 믿음은 이 은사를 거머쥐는 것입니다. "그리스도 안에 거하시고 또한 우리 안에 거하시는 성령으로 말미암아, 축복받은 그리스도의 몸과 더욱더 하나가 되어가는"(76문) 현상이 믿음 안에서 일어납니다. 그래서 우리는 그분과 함께 생명 가운데서 이미 시작된 새로운 시대(Aeon)의 기쁨 한복판을 걸어갑니다. 우리는 믿음 안에서 예수님의 부활에 참여하는 동시에 우리 자신의 부활에도 참여합니다. 나는 정말 그러한 사람일까? 나는 이러한 믿음을 가지고 있는 걸까? 나는 그분 안에 머물고, 걷고, 서고, 달려가는 것이 가능할까?

이러한 질문에 대해서는 다음과 같은 유일한 해답만 있을 뿐입니다. 이런 의심을 극복하기 위해서는 오로지 성령의 새로운 은사라는 **사건**(Ereignis), 말씀을 새롭게 듣는다는 사건, 새롭게 믿는다는 사건이 있어야 합니다. 이 사건의 내용이란 무엇입니까? 그 내용은 당신이 믿을 수 있고, 실제로 믿음이 믿어질 수 있도록 당신에게 허락되었으며, 예수 그리스도가 단지 당신을 위해서 죽으셨을 뿐만이 아니라 당신을 위해 부활하셨고, 이에 따라 당신의 믿음이 객관적인 근거뿐만 아니라 **객관적인 영속성** 까지 가지고 있다는 것입니다. 따라서 내가 나의 믿음으로 살아가는 것은 자신의 능력에 의해서가 아니라 내가 받은 음식의 힘에 의해서 가능합니다. 그런데 우리에게 주어진 이러한 음식은 성찬에서 증언됩니다.

"**사건에 의한 증언**"으로서의 성찬은 당신이 먹고 마실 것이며, 당신이 유지될 것이고, 당신이 이 시간 가운데서 영원한 생명을 위해 살아갈 것이며, 당신의 믿음은 끝이 없고, 항상 새롭게 될 것이며, 자신의 믿음을 기뻐할 것이라는 사실에 대한 확약이자 약속입니다.

이 확약은 성찬에서 빵과 포도주의 분배와 수령, 즉 먹고 마시는 행위의 형태를 취합니다. 세례에서 살펴본 것과 마찬가지로, 성찬은 예수 그리스도의 **생명**을 나타내는 형상이며 '호모이오마'(homoioma)라고 할 수 있습니다. 바꾸어 말하면 부활하신 분으로서 예수님의 존재는 나를 위한 것이며, 나는 나 자신의 부활에 의해 살아가는 것이 허락된 자입니다. 나는 엘리야의 음식을 받았고, 이 음식의 힘에 의해 주야로 하나님의 산으로 달려갈 수 있게 되었습니다. 나는 이 성찬에서 나에게 주어진 이러한 허락의 "증표"(Wahrzeichen)를 받습니다. 이것이 나에 대해 증언하는 성찬에서 주어지는 복음의 위로입니다. 나는 예수 그리스도의 부활과 교제하며, 이에 따라 나 자신의 부활을 믿고 언제나 새롭게 기뻐하며 살아가는 것이 허락되었습니다.

75-79문은 69-73문에 병행하는 것으로 작성되었습니다. 74문과 동일하게 80문은 추가된 하나의 문답입니다.

제75문. 십자가에서 그리스도의 유일한 희생과 그분의 모든 보화에 당신이 참여하고 있다는 사실을, 당신은 성찬에서 어떻게 상기하고 확신하게 됩니까?

답. 그리스도는 나와 모든 신자들에게 그분의 기념으로서 찢은 빵을 먹고 이 잔을 마시도록 명령하시면서 다음과 같이 약속하셨습니다. 첫째, 주님의 빵이 나를 위해 찢기고 잔이 나에게 분배되는 것을 내가 눈으로 분명하게 보는 것과 마찬가지로, 주님의 몸이 십자가에서 나를 위하여 드려지고 찢겼으며, 그 피를 나를 위해 흘리셨다는 것. 둘째, 내가 그리스도의 몸과 피의 확실한 증표로서 받은 주님의 빵과 잔을 집례자의 손으로부터 받아 육체적으로 먹고 마시는 것처럼 분명하게, 주님 자신이 그 십자가에 달리신 몸과 흘리신 피를 나의 영혼으로 먹고 마시게 하심으로써 영원한 생명에 이르게 하셨다는 것을 약속하셨습니다.

약속은 여기서 "첫째"와 "둘째"로 나누어집니다.

a) "주님의 몸이 나를 위하여 십자가에서 드려지고, 찢겼으며…"라는 첫 문장은 내가 지금 받고 있으며 내가 기대할 수 있는 약속을 말하는 것입니다. 그 약속에 근거하여 나는 나의 믿음으로 살 수 있으며, 또한 실제로 그렇게 살아갈 수 있습니다. 그리스도의 죽음의 실재는 빵이 **나를 위해서** 찢기고 잔이 **나에게** 분배

된다는 성찬의 집행(Aktion)과 관계합니다. 이것을 나는 나의 눈으로 봅니다. 내 안에는 성찬의 참된 신비가 흐르고 있습니다. 공동체에서 주님의 식탁이 확실하게 집행되는 것과 마찬가지로, 나를 위해 그리스도의 몸이 찢기고 나를 위해서 그 피가 흐르는 것은 현실적으로 실제로 일어나는 일입니다.

b) 둘째는 **그리스도** 그분 자신께서 나를 먹이시고 양육하시며 영원한 생명에 이르게 하시는 사실에 대한 강조입니다. 여기서도 육체의 음식은 나에게 담보가 되며, 이것이 진실이라는 의미에서 눈에 보이는 지상적 형태를 지닙니다. 예수 그리스도 그분께서 나에게 임재하여주십니다. 그뿐만이 아닙니다. 나는 그분을 받아들일 수 있습니다. 나는 그분을 먹고 살 것입니다. 그분에 의해 나는 살 수 있게 되었습니다. 내가 확실하게 성찬에서 빵과 포도주를 받는 것처럼, 그와 동일하며 확실하게 그분 자신이 나를 먹이시고 양육하시며 영원한 생명에 이르게 하여주십니다.

제76문. 십자가에 달린 그리스도의 몸을 먹고 그가 흘리신 피를 마신다는 것은 무슨 뜻입니까?

답. 그것은 단지 믿는 마음으로 그리스도의 모든 고난과 죽으심을 받아들임으로써 죄 사함과 영생을 얻는 것만이 아니요, 더 나아가 그리스도 안에 거하시고 또한 우리 안에 거하시는 성령으로 말미암아 축복받은 그리스도의 몸과 더욱 하나가 됨으로써, 비록 그리스도께서 하늘에 계시고 우리는 땅에 있을지라도 우리가 그의 살 중의 살이요 뼈 중의 뼈가 되어, 마치 한 몸의 지체들이 한 영혼으로 말미암아 사는 것처럼 한 성령으로 말미암아 살고 다스림을 받는다는 뜻입니다.

여기서도 세례에 관해 고찰(70문)하였을 때와 완전히 동일하게, 십자가에 달린 그리스도의 몸을 먹고 그가 흘린 피를 마신다는 것이 무슨 뜻인가라는 문제에 직면하게 됩니다. 여기서는 이중 적으로 답변하고 있습니다. 그 내용은 다음과 같습니다.

나는 **단지** 믿는 마음으로 그리스도의 모든 고난과 죽으심을 **받아들여** 죄 사함과 영생을 얻는 **것만이 아닙니다.**

더 나아가 나는 예수 그리스도의 생명에 **객관적으로** 참여하고 그 축복받은 몸과(참조. 70, 123문) 하나가 됩니다. 예수 그리스도께서 부활하심으로써 우리를 버리신 것이 아닙니다. 그분은 이제 하나님 앞에 있는 사람 또한 하나님과 함께하는 사람으로서, 하나님 우편에 앉으셔서 살아 계신 분이 되었습니다. 그리고 우리 역시 그분과 함께 또한 그분 안에서 살아갈 수 있게 되었습니다. 이 경우 하나의 객관적인 성장이 일어납니다. 다시 말해 하나님으로부터의 확증은 차츰 강력해질 것이며, 나의 삶 가운데 나타나는 하나님의 은혜의 능력은 증대합니다. 그분과의 이러한 객관적인 교제는 나의 지상의 삶이 그 교제에 의해 지배된다는 사실을 의미하기도 합니다. 그리고 각 개인이 그리스도와의 교제 안으로 들어감으로써, 각 개인은 그리스도의 몸의 지체들과 하나로 연합됩니다. 왜냐하면 성령은 교회 공동체의 영이시므로, 필연적으로 공동체를 객관적인 교제 안으로 하나되게 하시기 때문입니다.

이것이 바로 그리스도의 몸과 피를 먹고 마시는 것입니다. 내가 빵과 포도주를 수령하여 먹고 마시는 것이 확실한 것과 같이, 이러한 모든 것도 확실한 사실이며 실제입니다. 이것이 성찬의 실재입니다.

제77문. 믿는 자가 이 뗀 빵을 먹고 이 잔을 마시는 것이 분명한 것과 마찬가지로, 그리스도께서 믿는 자에게 그 몸과 피를 먹고 마시게 해주겠다는 것을 분명하게 어디서 약속하셨습니까?

답. 성찬을 제정하신 곳에서 이렇게 말씀하십니다. "주 예수께서 잡히시던 밤에 떡을 가지사 축사하시고 떼어 이르시되 '이것은 너희를 위하는 내 몸이니 이것을 행하여 나를 기념하라' 하시고 식후에 또한 그와 같이 잔을 가지시고 이르시되 '이 잔은 내 피로 세운 새 언약이니 이것을 행하여 마실 때마다 나를 기념하라' 하셨으니,

너희가 이 떡을 먹으며 이 잔을 마실 때마다 주의 죽으심을 그가 오실 때까지 전하는 것이니라"(고전 12:23-26). 이 약속은 성 바울에 의해서 거듭되어, 그는 이렇게 말합니다. "우리가 축복하는 바 축복의 잔은 그리스도의 피에 참여함이 아니며, 우리가 떼는 떡은 그리스도의 몸에 참여함이 아니냐? 떡이 하나요 많은 우리가 한 몸이니 우리가 다 한 떡에 참여함이라"(고전 10:16-17).

75문과 76문에서 확립된 **관계**는 **주님께서** 친히 성만찬을 제정하셨다는 사실에 기초합니다. 이는 예수 그리스도의 약속과 명령에 근거합니다. 따라서 성만찬은 인간이 제정하고 나중에 의미를 부여해야 하는 어떤 상징이나 교회적 예식이 아닙니다. 그렇지 않고 그리스도 자신께서 이러한 관계를 원하시고 정하신 것입니다. 하나님의 말씀에 의해 그리스도께서 모든 교회를 만드시고 또한 세례와 성찬을 만드신 것을 단순히 말씀상의 무언가로 이해해서는 안 됩니다. 성찬이 집행될 때는 항상 그분 자신이 임재하십니다. 그리고 그분이 임재하심으로 인해 하나님의 음식물과 지상의 빵과 포도주 사이의 관계가 실제적인 것이 됩니다.

제78문. 그렇다면 빵과 포도주가 그리스도의 몸과 피 그 자체로 변한 것입니까?

답. 아닙니다. 세례의 물이 그리스도의 피로 변하는 것도 아니요 죄를 깨끗이 씻는 것도 아니며, 다만 그 신성한 증표(Wahrzeichen)요 보증(Versicherung)에 지나지 않습니다. 그와 같이 성찬의 거룩한 빵도 마찬가지로 실제 그리스도의 몸이 되는 것은 아니지만, 다만 성례의 본질과 용익에 합당하게 그것을 가리켜 그리스도 예수의 몸이라 부르는 것입니다.

제79문. 그렇다면 그리스도께서 왜 빵을 "그의 몸"이라 부르시고, 잔을 "그의 피" 혹은 "그의 피로 세운 새 언약"이라 부르시며, 또한 바울은 "그리스도의 몸과 피에 참여함"을 말합니까?

답. 그리스도께서 그렇게 말씀하시는 데는 큰 이유가 있습니다. 즉 빵과 포도주가 이 땅의 생명을 유지시키는 것처럼, 십자가에 달린 그의 몸과 흘린 피가 우리의 영혼을 영생에 이르게 하는 참된 양식과 음료가 된다는 사실을 우리에게 가르치시기 위함입니다. 뿐만 아니라 우리가 그를 기념하여 이 거룩한 증표들을 육체의 입으로 받아먹는 것처럼, 우리가 성령의 역사하심으로 정말로 그리스도의 참된 몸과 피에 참여하고 있으며 마치 우리 자신이 우리 자신의 몸으로 모든 고난을 충분히 보상한 것처럼, 이분의 모든 고난과 순종이 확실히 우리 자신의 것이 되었다는 것을 눈에 보이는 이 상징과

담보를 통해 우리에게 확신시켜주고자 하시기 위함입니다.

우리는 이러한 문답을 16세기에 일어났던 논쟁으로부터 이해할 수 있습니다. 성찬의 의의와 실재는 한편으로는 지상적인 음식, 다른 한편으로는 성령에 의한 그리스도의 몸과 피의 음식이라는 **두** 사건 사이의 관계 가운데 존재합니다. 그러나 우리는 우리가 빵과 포도주를 먹고 마시는 것이 확실하듯이, 성령의 역사하심으로 주님의 몸과 피에 참여한다는 79문을 빼고는 78문을 읽을 수가 없습니다. 성령의 역사하심으로 예수 그리스도와 사람 사이에 하나의 교제(communio)가 성립됩니다. 빵을 주님의 몸이라 일컫고 잔을 그분의 피라고 말하는 것은 단순 명칭상의 문제가 결코 아닙니다. 이는 실재에 관한 것입니다. 성찬은 단순한 교리 이상의 것입니다. 그것은 하나의 **보증**(Versicherung)입니다(73문이 말하는 "큰 이유"를 참조하라). 이것은 성찬에서 내가 단순히 무언가를 듣는 것이 아니라, 그리스도께서 직접 나를 부르시고 초대하신 식사에 참여함으로써 **내게** 주어지는 선물입니다. 이는 내가 다시 한번 믿음 안에 굳게 머물고, 서고, 걸으며, 서둘러 달려갈 수 있는 사람의 자리에 놓이게 되었음을 보증합니다. 그리스도 그분께서 나를 먹이시고 양육하시는 그러한 곳으로 인도하여주십니다. 따라서 무언가 이 이상의 어떤 **말씀**을 말하는 것이 아니라, 성찬은 이러한 사건(Geschehen)에 관한 **증언**입니다.

제80문. 주님의 성찬과 교황주의자들의 미사 사이에는 어떤 차이가 있습니까?

답. 성찬은 예수 그리스도 자신께서 단번에 십자가에서 이루신 유일한 희생으로 말미암아 우리의 모든 죄가 완전히 사해졌다는 것과, 또한 지금 그 참된 몸으로 하늘 아버지 우편에 앉으셔서 그곳에서 경배받으시기를 원하시는 그리스도와 우리를 성령에 의해 한 몸이 되게 하심을 우리에게 보증합니다. 그러나 미사는 그리스도가 산 자와 죽은 자들을 위해 지금도 매일 사제들의 미사 집행에 의해 희생되지 않는다면 그들은 그리스도의 고난에 의한 죄 용서를 받지 못한다고 하며, 또한 그리스도는 빵과 포도주라는 형태의 몸으로 경배를 받으실 것임을 가르칩니다. 따라서 미사는 결국 예수 그리스도의 유일한 희생과 고난을 부인하며, 저주받을 수밖에 없는 우상숭배 이외의 그 어떤 것도 아닙니다.

"성찬은…우리에게 **증언합니다.**" 우리는 이 "증언"한다는 말을 약하게 생각해서는 안 될 것입니다. 오히려 그 실제적인 형태를 이해하지 않으면 안 됩니다. 그러면 유명론자라는 비난은 근거 없는 이야기가 됩니다.

사실 80문의 후반부는 이 신앙문답의 제2판에서 첨가된 내용입니다.[1] 팔츠의 선제후는 이 글귀가 **포함된** 신앙문답을 황제에게 헌정하는 일을 아주 중요하게 생각하였습니다. 반종교개혁[2]의 전개에 직면한 종교개혁의 극심한 분노가 여기서 폭발합니다.

여기에는 이중의 부정이 있습니다. 첫째는 사건에 의한 증언과 증언된 사건을 동일시하는 것이 부정됩니다. 다시 말해 신앙문답은 예수 그리스도의 일회적 희생이 **미사의 제물**로 반복되는 것과 같다는 생각에 항의하고 있으며, 또한 교회에 의해 행해지는 그러한 반복적 행위가 구원을 위해 필수적이라는 주장에 대해 항의합니다. 하이델베르크 신앙문답은 이러한 반복을 우리 주님의 유일한 희생을 부정하는 것으로 설명합니다. 이 희생은 단회적인 것인가, 아니면 예수 그리스도의 희생이 아닌가? 둘 중 하나입니다(참조. 29, 30, 67, 96문).

둘째는 로마 가톨릭의 **화체설**(Lehre von der Transsubstantiation)[3]

---

1   하이델베르크 신앙문답 첫 번째 판은 1563년 1월, 두 번째 판은 1563년 3월 (80문에 대한 짧은 글이 더해졌고), 세 번째 판은 1563년 4월(80문에 대한 보다 긴 글이 더해진다)에 출간되었다.

2   Gegenreformation, Countra-reformation, Counter-reformation. 16-17세기에 걸쳐서 종교개혁에 대항하여 로마 가톨릭 내부에서 일어난 교회 개혁운동.

3   16세기 성찬론은 빵과 포도주가 예수 그리스도의 몸과 피로 변한다는 화체설, 빵과 포도주 안에, 밑에, 함께 그리스도의 몸과 피가 실재한다는 실재설(또는 공재설), 빵과 포도주에는 어떤 의미가 없으며 단지 예수 그리스도의 몸과 피

이 여기서 거부됩니다. 이는 빵과 포도주가 어떤 변화를 통해 예수 그리스도의 몸과 피와 동일하게 된다는 결코 용인될 수 없는 동일화를 의미합니다. 하이델베르크 신앙문답은 이러한 생각과 더불어 이러한 생각에서 잉태된 숭배를 "저주받을 우상숭배"라고 간주합니다. 우리가 예수 그리스도의 희생을 이처럼 반복될 수 있는 방식으로 생각한다면, 인간의 손에 주어지는 "또 한 사람의 그리스도"가 등장하는 꼴이 되어버립니다. 사실 실제적인 중심과 부차적인 중심을 나란히 설정하는 방식은 일반적으로 가톨릭적 사유가 가지는 특징 중 하나입니다. 예를 들어 성경과 함께 전통과 교회의 무류한 교직을 나란히 세웁니다. 또한 그리스도와 베드로의 후계자와 무류의 교회를 나란히 세우며, 하나님의 존재와 피조물의 존재를 나란히 세웁니다. 하나님의 은혜에 관해 알고 있지만, 그와 동시에 친밀한 은혜에 근거하여 그것을 피조물과 협력 가능한 것으로 만들어버립니다. 그러나 이러한 이원론, 이러한 "~와(그리고)"가 가장 명료하게 나타나는 부분은 마리아에 관한 내용입니다. 그리스도와 마리아입니다. 즉 신적 존재에 대해 유비를 이루는 피조물적 존재입니다. 도대체 진정한 중심은 어느 것입니까? 또한 결정적인 권위는 어디에 있는 것입

를 상징할 뿐이라는 상징설로 나누어 설명할 수 있다.

니까?

　만약 우리가 이 부분에서 하이델베르크 신앙문답의 분노 폭발을 이해하려고 한다면, 예수 그리스도의 유일한 권위에 대한 이러한 비밀스런 공격을 바라보지 않을 수 없습니다. 오늘날 프로테스탄트 안에서, 가톨릭의 교리가 가지는 차이점을 그렇게 위험하지 않은 것으로 생각하려는 경향이 왕왕 존재합니다. 그들이 일종의 우나 상크타 운동(una sancta Bewegung)에 의해 공통의 지반을 발견할 수 있다고 믿는다면 그것은 아주 무지한 생각입니다. 물론 우리는 가톨릭 사람들과 진솔한 신학적 대화를 할 수 있으며, 경우에 따라서는 그들과 함께 기도할 수 있습니다. 그러나 가톨릭적 사유는 그것이 가진 고유한 구조를 절대로 포기하지 않는다는 사실에 관해 우리 자신을 속여서는 안 될 것입니다. 여기서는 "오로지 그리스도만"과 "그리스도와…" 사이에 반드시 선택을 하지 않으면 안 됩니다. "가톨릭 사람들도 축복하실 수 있는 오로지 한 사람 예수님 그분을 믿습니까?"라고 우리는 하이델베르크 신앙문답(30문)과 함께 반드시 물어야만 합니다. 악마는 몸을 숨기며 때로는 그 꼬리를 감춘 채로 우는 사자처럼 어슬렁거리기 때문입니다.

　마지막으로 나는 지금까지 이 신앙문답의 성찬론을 특정한 방식으로 선택해왔다는 것을 분명하게 지적하지 않을 수 없습니다.

1. 이 주제에 관해 16세기에 일반적으로 그러하였듯이, 하이델베르크 신앙문답은 몸과 피라는 개념을 내가 지금까지 설명하려고 시도해왔던 것처럼 전적 인간(totus homo)과 전적 그리스도(totus Christus)로 연관시키는 대신에 일방적으로 그리스도의 인성에 대한 육체적인 측면을 연관시킵니다.

2. 16세기의 성찬 논의는 "이것은 나의 몸이다"와 "이것은 나의 몸을 의미한다"에 대한 유명한 논쟁을 통해 일방적으로 성찬의 요소(Elemente)에만 관심을 두었습니다. 이것에 대해 나의 논술은 "이것은 나의 몸이다"라는 말씀을 **예전 전체**에 관련된 것으로 강조하였습니다. 한 사람의 가장과 그의 손님들이 한 식탁에 모여서 빵과 포도주를 나누어 먹고 마시며 찬송을 부르는 이러한 하나의 **사건**(Ereignis)이 성찬이 가지는 문제의 중심입니다. 이 사건이 유월절 음식과 어떠한 관계를 가지고 있더라도 "이것은 나의 몸이다"라는 말씀은 예수께서 자신을 지시하시는 말씀입니다. 이 말씀을 통해 우리를 위한 예수님 자신의 헌신을 보여주고 계심은 명확한 사실입니다. 너희는 **나로 말미암아**(durch mich) 먹고 마시리라. 이런 의미에서 보자면 16세기에 일어난 성찬 논

쟁 전체는 이미 철 지난 문제입니다.

3. 나는 공동체가 가지는 성찬이 **부활하신** 그리스도의 **삶**과 연관되지 않으면 안 된다는 사실을 말하는 신약성경의 여러 근거를 추적하려고 노력하였습니다. 16세기 사람들은 일방적으로 그리스도의 임재를 이미 **오신** 주님에 대한 상기라는 한 쪽으로만 관련시키고, 그것에 성 금요일을 결부시켰습니다. 그러나 성찬은 어린양의 혼례를 미리 앞당긴 선취입니다. 따라서 **다시 오실 분**으로 관련시키지 않으면 안 됩니다. 여기서 "주 예수여, 오시옵소서. 우리 손님이 되어주셔서 당신이 우리에게 주시는 것을 축복하옵소서!"라는 기도가 깊은 의미를 가지게 됩니다.

K

Die christliche Lehre
nach dem Heidelberger
Katechismus

B

제19장

공동체의 정결

제81-85문

살아 있는 공동체의 복음 설교와 세례 및 성찬에서 일어나는 사건적 증언(ereignismäßige Bezeugung)은 치유하는 유익함을 가집니다. 이는 또한 공동체 각 지체들의 믿음과 공동체 전체의 믿음으로 하여금 그 믿음의 대상과 그 성격에 관한 책임 있는 삶의 결단을 살펴보게 하며, 불신앙으로부터 신앙을 구별합니다.

K
B

Die christliche Lehre
nach dem Heidelberger
Katechismus

제20장
순종으로서의 믿음

제86-93문

하나님의 의가 예수 그리스도 안에서 자신을 위해 이미 성취되었다고 믿는 그리스도 공동체의 살아 있는 지체에게 하나의 계명이 주어졌습니다. 그것은 주님의 죽음과 부활 안에서 생성된 하나님과 사람의 정상성에 대해 내린 결단에 합당하게 살아가야 한다는 계명입니다.

제21장

하나님 앞에서의 사람

제94-103문

사람이 하나님의 계명에 순종한다는 것은 예수 그리스도 안에 확립된 하나님의 정상성을 거룩하게 준수해가는 사람의 행위이며, 오로지 그러한 행위에 지나지 않습니다. 그 사람의 행위는 하나님의 비교 불가성과 접근 불가성, 그리고 하나님의 영광과 존엄에서 그 한계를 가진다는 사실을 담고 있습니다.

Die christliche Lehre
nach dem Heidelberger
Katechismus

제22장

그 이웃과 함께하는 사람

제104-112문

하나님의 계명에 대한 사람의 순종은 예수 그리스도 안에 확립된 인간의 정상성을 거룩하게 준수해가는 인간의 행위이며, 오로지 그러한 행위에 지나지 않습니다. 그 행위란 사람의 존엄성을 존중하며, 각자의 삶의 형태를 좋아하고 조성하며, 남녀관계의 가치를 드러내며, 노동과 임금의 합치를 이루고, 인간의 언어를 진리의 도구가 되게 합니다.

Die christliche Lehre
nach dem Heidelberger
Katechismus

제23장

계명의 능력

제113-115문

계명이 하나님을 위해 또한 사람의 이웃을 위해 철저하게 사람을 요구한다는 의미에서, 계명은 능력을 가집니다. 그것은 사람을 훌륭한 행위로 부르고, 움직이게 하며, 훌륭한 행위에 대한 부족함을 바라보게 만들어 예수 그리스도 안에서 하나님의 의에 대한 믿음으로 부르고 움직이게 하고, 궁극적으로는 훌륭한 행동이 드러나기를 소망하는 것으로 부르고 움직이게 하고, 성령을 간구하는 소망으로 부르고 움직이게 하는 능력으로 나타납니다.

K B

Die christliche Lehre
nach dem Heidelberger
Katechismus

제24장
기도의 신비

제116-119문

그리스도인은 자기 자신이 유일하시며 참이신 하나님께 모든 은혜를 입고 있으며 그분께 모든 것을 간구할 수 있다는 사실을 잘 알고 있습니다. 이렇게 하나님께 도움을 간구함으로써 예수 그리스도와 하나가 될 수 있습니다. 그리스도인에게 주어진 이러한 자유함 속에서 하나님의 의의 사역과 인간의 순종의 사역이 서로 만나게 됩니다.

K
Die christliche Lehre
nach dem Heidelberger
Katechismus
B

제25장
기도하는 자유

제120-121문

기도로 향하는 것은 예수 그리스도 안에서 인간에게 주어진 명확함과 기쁨입니다. 인간은 그 궁핍과 희망 안에서도 이 명확함과 기쁨으로 인해 유일하신 참 하나님이 나에게서 멀리 계시는 분이 아니라 가까이 계시는 분이시며 나의 적이 아니라 나의 편이 되신다는 사실을 확신하게 됩니다.

Die christliche Lehre
nach dem Heidelberger
Katechismus

제26장

하나님의 일을 위한 기도

제122-124문

하나님은 예수 그리스도 안에서 인간 없이 계시기를 원하시지 않는 분으로 자신을 드러내셨습니다. 따라서 사람은 자신의 기도에서 무엇보다도 첫째로 하나님의 계획과 사역과 뜻의 성취에 참여할 수 있으며 또한 그렇게 하도록 명령을 받았습니다.

Die christliche Lehre
nach dem Heidelberger
Katechismus

제27장
사람의 일을 위한 기도

제125-127문

예수 그리스도 안에서 인간은 하나님 없이 존재해서는 안 되는 인간으로 드러났습니다. 따라서 인간은 아주 신중하게 자신의 기도에 자신의 곤궁과 기대까지 하나님께 맡길 수 있으며, 또한 그렇게 하도록 명령을 받았습니다.

K
B

Die christliche Lehre
nach dem Heidelberger
Katechismus

제28장
기도를 들어주심

제128-129문

기도는 하나님 말씀을 신뢰하고, 예수 그리스도 안에서 성취된 하나님의 의와 살아 있는 말씀으로서 우리에게 다가오시는 하나님의 의를 간구하는 행위입니다. 하나님에 대한 그러한 간구는 찬양과 감사로 구성되어 있습니다. 왜냐하면 하나님의 들으심과 우리 간구의 성취는 우리가 원하는 것보다 더 큰 것으로 이미 수여되었으며, 그분의 말씀 안에서 그리고 말씀과 함께 이미 진행 중에 있기 때문입니다.

나가면서

『하이델베르크 신앙문답』은 로마서의 구성을 기초로 하고 있다고 말한다. 제1부 인간의 비참에 관하여(1-2문; 롬 1:18-3:20), 제2부 인간의 구원에 관하여(12-85문; 롬 3:21-11:36), 제3부 감사에 관하여(86-129문; 롬 12-16장)로 구성된다. 제1부는 비참과 회개, 제2부는 그리스도에 대한 신뢰 즉 믿음에 관한 이야기이다. 제3부는 그리스도에 대한 감사와 사랑을 말한다. 한마디로 비참에서 해방과 구원으로, 구원에서 감사로 나아가는 구조다. 이런 구성과 구조는 다른 신앙문답이나 교리문답과 하이델베르크 신앙문답을 구분하는 중요한 포인트가 될 수 있다. 또한 이 글은 한 인간이 믿음으로 구원받아 영생으로 나아가는 간증과도 같은 형식을 갖추고 있다. 하여 이 신앙고백은 마치 한 사람의 "영적 전기"(Spiritual Biography: H. G. Hagemen, "Guilt, Grace and Gratitude" 11-13, in Bruggink, Donald J., ed. *Guilt, Grace and Gratitude: A Commentaryon the Heidelberg Catechism commemorating its 400th Anniversay*. New York: Half Moon Press, 1963)와도 같다고 말한다.

이런 구성과 구조의 특성에서 엿볼 수 있듯이 하이델베르크 신앙문답은 신학 내용의 객관적 기술이라기보다는 실제로 믿음 생활을 하는 주체자의 입장에서, 즉 속죄의 은혜를 경험한 사람이 자신의 실천적 신앙 내용을 써 내려간 것이라고 할 수 있다. 그는 삶을 살아감에 있어 "유일한 위로"가 무엇인지 알았다. 이런 의미에서 본 신앙문답은, 경우에 따라서는 2인칭 질문에 대한 1인칭 단수로 신앙고백적인 답을 내어놓는다. 하나님에 대한 정의 또는 성경의 권위란 무엇인가 등에 관해 신학적 교과서와 같은 문답이 아니라 삶의 현장에서 실제적으로 경험하게 되는 비참, 회개, 믿음, 사랑 등으로 이루어지는 신앙생활을 전개하는 실존적인 내용을 담고 있다. 종래의 교리문답은 한 교파 또는 종파의 신학 경향을 문답 형식으로 표현한 것이 대부분이다. 그러나 신앙문답 또는 신앙고백은 실천적인 신앙의 선언이다.

　역자는 "하이델베르크 교리문답"이 아니라 "하이델베르크 신앙문답"이라고 번역했다. 앞서 설명했듯이 하이델베르크 신앙문답은 한 신앙인의 실제적인 신앙 전기와 같다. 교회의 언어와 말은 영혼에 대한 살아 있는 배려다. 그런 교회의 말과 언어에 의해 비참으로부터 구원이 생성되는 경험을 하고 그것을 증언한다. 이러한 증언적 언어와 말은 교리를 설명하는 말이 아니라 위로의 말이자 힘 있는 생명의 말이다. 말씀으로 태어나는 하나님 백성의 말은 신앙의 말이며 그 자체가 교회적 필연성을 가지는 삶의 규칙이 된다. 따라서 "교리문답" 대신 "신앙문답"으로 번역하였다.

하이델베르크 신앙문답은 실천적이며 주권적이고 인간 중심적이라고 할 수 있다. 따라서 "카테키즘"이라는 용어를 반드시 교사가 가르치고 학생이 배운다는 고정 관념으로 생각할 필요는 없다. 특히 하이델베르크 신앙문답은 토랜스가 말하듯이 스콜라주의 변증법적 방법과 절연하고 "본질적으로 대화적인" 신학으로 방향 전환된 개혁신학의 전형적인 예라고 할 수 있다(T. F. Torrance, *School of Faith*, James Clarke & Co. Limited, 1959. 43). 즉 하나님 말씀과 그것에 순종하며 감사하는 신앙의 삶의 고백인 것이다. 신앙문답이란 교회가 그것으로 살고 소중하게 지켜온 교회의 신앙고백적 언어이며, 문답자가 각자의 삶이라는 캔버스에 그 울림을 새기며 걸어가는(신앙문답으로 번역되는 κατηχισμός는 κατα[밑으로, ~에 대해] + ἠχέω[소리를 내다, 울려 퍼지다]로 구성된 κατηχέω에서 유래되었다고 함) 모습을 취한, 가장 실제적인 평생교육이다.

아무쪼록 이 역서가 바르트는 물론이거니와 기독교 신학을 이해하는 데 밑거름이 되기를 바란다. 하이델베르크 신앙문답이 제공하는 "사람에 대한 하나님의 사역이라는 특별한 관점에서 설계된…성령의 신학"이 독자들의 삶과 신앙을 다듬어가는 처방전이 되기를 소망한다.

칼 바르트의
하이델베르크 신앙문답 해설

Copyright ⓒ 새물결플러스 2025

1쇄 발행 2025년 6월 4일

지은이 칼 바르트
옮긴이 김산덕
펴낸이 김요한
펴낸곳 새물결플러스

편 집 왕희광 정인철 노재현 이형일 나유영 노동래
디자인 황진주 김은경
마케팅 박성민
총 무 김명화 이성순
영 상 최정호
아카데미 차상희

홈페이지 www.holywaveplus.com
이메일 hwpbooks@hwpbooks.com
출판등록 2008년 8월 21일 제2008-24호
주 소 (우) 04114 서울특별시 마포구 신촌로28가길 29
전 화 02) 2652-3161
팩 스 02) 2652-3191

ISBN 979-11-6129-301-1 03230

책값은 뒤표지에 있습니다.